a first course in

C000196332

German

Support Book

WILLKOMMEN!

a first course in

German

Support Book

Paul Coggle and
Heiner Schenke

2nd edition

HODDER
EDUCATION
AN HACHETTE UK COMPANY

Orders: Please contact Bookpoint Ltd, 130 Milton Park, Abingdon, Oxon OX14 4SB. Telephone: (44) 01235 827720, Fax: (44) 01235 400454. Lines are open from 9.00 to 5.00, Monday to Saturday, with a 24-hour message answering service. You can also order through our website **www.hoddereducation.co.uk**

If you have any comments to make about this, or any of our other titles, please send them to educationenquiries@hodder.co.uk

British Library Cataloguing in Publication Data
A catalogue record for this title is available from the British Library.

ISBN: 978 0340 990797

First published	1998. Second edition 2009.
Impression number	10 9 8 7 6 5 4 3 2 1
Year	2012 2011 2010 2009

Hachette UK's policy is to use papers that are natural, renewable and recyclable products and made from wood grown in sustainable forests. The logging and manufacturing processes are expected to conform to the environmental regulations of the country of origin.

Cover photo © Martin Diebel/fStop/photolibrary.com
Typeset by Transet Limited, Coventry, England.
Printed in Great Britain for Hodder Education, an Hachette UK company, 338 Euston Road, London NW1 3BH by CPI Antony Rowe.

Contents

Key to exercises

Lektion eins   Guten Tag!

1   ✐ d = 1; a = 2; b = 3; c = 4

3   ✐ formal – **a**, **b**; informal – **c**, **d**.

5   a) Guten / heißen Sie; b) Guten Tag / heißen Sie; c) Hallo / heißt
   du; d) Hallo. Wie heißen Sie?

6   Emma Klein, Martin Schwarz, Sander Schmidt.

8   *Greetings / farewells* **a** = 2; **b** = 4; **c** = 3; **d** = 1.

9   ✐ *Greetings on radio and TV: Six greetings* Guten Abend; Guten
   Morgen (*twice*); Gute Nacht (*twice*); Guten Tag.

12 ✐ *Federal German Soccer League* 1. FC Kaiserslautern – Hamburger
   SV: 2 zu 1; SC Freiburg – VFL Bochum: 1 zu 1; Borussia
   Dortmund – Bayern München: 2 zu 2; Arminia Bielefeld – FSV
   Mainz 05: 1 zu 1; Bayer Leverkusen – 1. FC Nürnberg: 2 zu 2;
   Hertha BSC Berlin – VFB Stuttgart: 0 zu 0; Hansa Rostock – VFL
   Wolfsburg: 1 zu 2; Schalke 04 – Borussia Mönchengladbach: 3 zu
   2; Werder Bremen – Hannover 96: 3 zu 0.

14 ✐ *Who has arrived?* Markus Krischer → Bettina Retzlaff → Georg
   Walz → Tanja Schidelowskaja.

15 ✐ *Which company names can you hear?* AEG, BMW, VW,
   DZ Bank, DB.

17 *Competition* Telefonnummer.

21 ✐ *On the Kurfürstendamm*

	Name	Geburtsort	Wohnort
	Ich heiße . . .	Ich komme aus . . .	Ich wohne in . . .
1	Gerd Koch	Bonn	Köln
2	Eva	München	Berlin

Mehr Übungen ...

1 a) Wie; b) Wo; c) Woher; d) Wie; e) Wie; f) Woher.

2 a) -e, -t; b) -e, -st; c) -e, -en; d) -e, -en; e) -e.

3 a) 2; b) 1; c) 3; d) 2.

4 a) 5; b) 4; c) 1; d) 2; e) 3.

5 a) heißen; b) heiße; c) Ihr; d) Mein; e) Wie; f) Ich.

6 Emma Klein, Martin Schwarz, Sander Schmidt.

Lektion zwei   Sprechen Sie Deutsch?

3 ✐ *In the café* e), c), b).

4 *How are these people? Sample answers (others are possible):*
   a) Wie geht's dir? – Mir geht's gut, danke.
   b) Wie geht es Ihnen? – Mir geht's nicht gut.
   c) Wie geht es Ihnen? – Danke, ausgezeichnet.
   d) Wie geht es Ihnen? – Ach, es geht.
   e) Wie geht's dir? – Mir geht's wirklich schlecht.

6 *Word search* dir, ihnen, geht, es, prima, ausgezeichnet, wirklich, zwei, heute, er, ganz, sie, er, nicht, danke, sehr, gut: *others you might not have found are* im *(in the)*, Tee *(tea)*, Tod *(death)*.

8 *How good is your geography?* a) Richtig; b) Falsch – Heidelberg liegt nicht in Österreich, sondern in Deutschland. c) Falsch – Köln ist nicht in Belgien, sondern in Deutschland. d) Falsch – Salzburg liegt nicht in Deutschland, sondern in Österreich. e) Richtig.

9 ✐ *Some of the countries of Europe* The first syllable is the one most often stressed. Exceptions: Großbritann<u>i</u>en, <u>I</u>tal<u>i</u>en, die Tür<u>kei</u>.

11 *What letters are missing?* 1 D; 2 E; 3 T; 4 I; 5 H; 6 H; 7 B; 8 T; 9 A; 10 N; 11 W; 12 S. *New word =* **Postleitzahl** *(postcode)*.

12 ✐ *38* = achtunddreißig, *42* = zweiundvierzig, *63* = dreiundsechzig, *81* = einundachtzig, *99* = neunundneunzig.

13 ⊘ *The national lottery numbers* Winning numbers
Lotto: 4, 7, 25, 27, 32, 36, Bonus number 8.
Spiel 77: 0 3 8 8 6 3 0.
Super 6:   3 8 3 7 1 8.

15 ⊘ *Calling directory enquiries* a) Schulz 040–30 07 51;
b) Marhenke 040–73 45 92; c) Maier 030–2 79 50 09;
d) Ötken 040–65 28 74.

17 Ein Abendkurs 1f; 2r; 3f; 4r; 5r; 6r; 7r; 8r.

18 *Who is that?* a) Leni Hochstädter; b) Mehmet Gunesay;
c) Gerhard Langer; d) Leni Hochstädter; e) Susi Renger;
f) Mehmet Gunesay; g) Gerhard Langer.

19 ⊘ *What is wrong here?*

Name	Gerhard Langer	Richtig
Staatsangehörigkeit	Deutscher	Richtig
Geburtsort	Dresden	Falsch – Leipzig
Wohnort	Köln	Falsch – Hamburg
Sprachen	Französisch	Falsch – Russisch
Familienstand	Ledig	Falsch – verheiratet
Arbeit?	Ja, in Aachen.	Falsch – Er ist pensioniert.

22 *In the hotel. Sample answers:*
Guten Tag! Mein Name ist . . . . / Nein, ich bin . . . . Sind Sie
Deutsche? / Ich wohne in . . . . Und Sie? Wo wohnen Sie? /
München ist schön. Sprechen Sie Englisch? / Danke.

Mehr Übungen ...

1 a) -e, -st; b) -t; c) -st; d) -icht; e) -t; f) -et, -t.

2 a) bin, bist; b) ist, ist; c) bin, sind; d) ist; e) Bist; f) ist.

3 a) Wie heißen Sie? b) Woher kommen Sie? c) Sprechen Sie
Englisch? d) Wie geht es Ihnen? e) Sind Sie Deutsche? f) Sind
Sie verheiratet?

4 a) Nein, ich bin nicht verheiratet.
   b) Nein, Heidi kommt nicht aus Zürich.
   c) Nein, ich wohne nicht in London.
   d) Nein, ich heiße nicht Florian Meyer.
   e) Nein, das ist nicht Jutta Leinemann.
   f) Nein, sie (Sabine) wohnt nicht in Großbritannien.

5 *Sample answers:*
   a) Sie heißt Susi Renger und sie ist Deutsche. Sie kommt aus Hamburg. Sie spricht Deutsch und auch ein wenig Französisch. Sie arbeitet in Pinneberg, nicht weit von Hamburg.
   b) Er heißt Mehmet Gunesay. Er ist Türke und kommt aus Berlin. Er wohnt jetzt in der Nähe von Hamburg, in Elmshorn. Er spricht Türkisch, Deutsch und ziemlich gut Englisch. Er ist ledig und er studiert in Hamburg.
   c) Sie heißt Leni Hochstädter und sie ist Österreicherin. Sie kommt aus Salzburg, wohnt aber jetzt in Norderstedt, in der Nähe von Hamburg. Sie spricht Deutsch und Englisch und sie versteht ein bisschen Spanisch. Sie ist seit zwei Jahren verheiratet und arbeitet zur Zeit in Hamburg.

Lektion drei   Arbeit und Studium

2 *Town maps. The missing buildings in Dittburg for Partner A to find out:*
1 Das ist eine Kneipe. Sie heißt Bierstübl.
2 Das ist eine Bäckerei. Sie heißt Bäckerei Meyer.
3 Das ist eine Kirche. Sie heißt Jakobskirche.
4 Das ist ein Hotel. Es heißt Bahnhofshotel.
5 Das ist ein Café. Es heißt Café Krause.
6 Das ist ein Biergarten. Er heißt Brauhaus Paulaner.
   The missing buildings in Schönheim for Partner B to find out:
1 Das ist eine Bäckerei. Sie heißt Stadtbäckerei.
2 Das ist ein Café. Es heißt Café am Marktplaz.
3 Das ist eine Kneipe. Sie heißt Weinstube.
4 Das ist eine Kirche. Sie heißt Paulskirche.
5 Das ist ein Kino. Es heißt Abaton-Kino.
6 Das ist ein Hotel. Es heißt Hotel zum Ritter.

3 *Word game* 1 Bäckerei, 2 Bahnhof, 3 Hotel, 4 Kirche, 5 Bier,
6 = Kneipe (*add* P)

4 *A postcard from Munich*
a) Sie ist in München.
b) Die Stadt ist sehr schön.
c) Das Stadtzentrum und der Englische Garten sind besonders schön.
d) Die Sprachschule heißt Interling.
e) Nein, sie spricht auch viel Deutsch.
f) Das Bier ist auch sehr gut in München.
g) Die Woche, das Stadtzentrum, der Garten, die Sprachschule, das Bier.

5 *Which endings?* a) ein Kino; b) D**as** Hotel; c) ein**e** Bäckerei; d) Ihr Vorname; e) di**e** Bäckerei; f) ein Café.

6 **a** = 6; **b** = 2; **c** = 5; **d** = 7; **e** = 3; **f** = 1; **g** = 4.

7 **Wer ist das?**
a) Das ist Peter Müller. **Er** ist Taxifahrer.
b) Das ist Günther Schmidt. **Er** ist Automechaniker.
c) Das ist Anja Meier. **Sie** ist Designerin.
d) Das ist Max Weber. **Er** ist Tischler.
e) Das ist Traudl Lustig. **Sie** ist Kellnerin.
f) Das ist Monika Thielicke. **Sie** ist Kundenberaterin.
g) Das ist Marcel Wagner. **Er** ist Koch.

9 a) Falsch – Renate ist Deutsche. b) Richtig; c) Richtig; d) Falsch – Er war Journalist; e) Falsch – Martina ist Krankenschwester. f) Falsch – Herr Volz ist Mechaniker bei Opel.

10 ✐ a) Deutscher; b) Engländerin; c) 8 Jahren; d) Tischler.

12 *Anagrams* **a** = Lehrerin; **b** = Maurer; **c** = Journalist; **d** = Sekretärin.

13 ✐ **In der Jugendherberge** *Anita gets to know Karin and Anke*
1 Falsch – Sie kommen aus Gießen. 2 Richtig; 3 Falsch – Sie studiert Romanistik. 4 Richtig; 5 Richtig; 6 Falsch – Sie finden es ein bisschen langweilig.

Anke and Karin get to know Thomas and Peter 1 Richtig; 2 Falsch –
Er studiert Chemie. 3 Richtig; 4 Falsch – Sie wohnen in
Leipzig. 5 Falsch – Sie haben eine Wohnung im Stadtzentrum.

14 ⊘ Was studieren sie?

Name	Paul	Daniel	Heike	Martina
Wohnort	Bremen	Hamburg	Düsseldorf	Köln
Studienort	Bremen	Bremen	Aachen	Aachen
Studienfach	Germanistik	Anglistik	Informatik	Mathematik

15 Du, Sie oder ihr? a) Woher kommt ihr? b) Woher kommst du?
c) Woher kommen Sie? d) Woher kommt ihr? e) Woher
kommen Sie?

18 Welche Antwort passt? a) 3; b) 2; c) 1; d) 2; e) 3; f) 2.

19 Sagen Sie es anders! a) 3; b) 6; c) 4; d) 8; e) 7; f) 5; g) 2; h) 1.

Mehr Übungen ...

1 a) das; b) der; c) das; d) die; e) die; f) die.

2 a) Ihr, Mein; b) Ihre, Meine; c) Ihr, Mein; d) Ihre, Meine; e) Ihr,
Mein.

3 a) Er ist Taxifahrer. b) Sie ist Friseuse. c) Er ist Kellner. d) Sie ist
Musikerin. e) Er ist Koch. f) Er ist Tischler. g) Sie ist Ärztin.
h) Sie ist Automechanikerin.

4 a) Komm**t**; b) **sind**; c) wohn**en**; d) arbeit**en**; e) Studier**t**;
f) mach**en**.

5 Hallo . . . , wie **geht's**? Mir geht es **fantastisch**. Ich bin jetzt **eine**
Woche in Berlin. **Die** Stadt ist sehr **schön**, besonders **das**
Zentrum und **der** Tiergarten. Ich gehe jetzt auch in **eine**
Sprachschule. **Die** Sprachschule **heißt** Euro-Müller. Ich **spreche**
viel Deutsch. Was machst du? Bis **bald**. Deine . . . / Dein . . .

Lektion vier   Familie und Freizeit

2 **Wie heißen die Verben?** a) arbeiten, spielen; b) trinken;
   c) spielen; d) lesen; e) kaufen; f) kochen, machen.

3 *Frau Neumann is very busy.* a) trinkt; b) arbeitet; c) kauft;
   d) kocht Pasta; e) schreibt eine Postkarte; f) hört Musik; g) lernt
   Englisch; h) trinkt Bier.

4 ✍ **Was machen die Leute?**
   a) Die Leute spielen Tennis.
   b) Die Leute trinken.
   c) Die Leute spielen Fußball.
   d) Die Leute spielen Karten.
   e) Die Leute essen.
   f) Die Leute schwimmen.
   g) Die Leute kochen.

5 *Practise verb endings and irregular verbs* a) spricht; b) Kochen;
   c) Trinkt; d) Arbei**test**; e) li**est**; f) **isst**.

6 ✍ **Was waren die Hobbys?**

Lesen	✓	Kino	✓	Segeln	✗
Surfen	✗	Garten	✓	Sport	✓
Fotografieren	✓	Computer	✗	Wandern	✓
Reisen	✓	Tennis	✓	Joggen	✓
Schwimmen	✓	Jazz	✓	Golf	✓
Popmusik	✓	Klassische Musik	✓	Fitness	✓
Fußball	✗	Fallschirmspringen	✗	Rockmusik	✓

9 *We are looking for pen-friends* a) Falsch – Er hasst deutsche Musik.
   Er hört gern Indierock. b) Falsch – Sie ist Rentnerin. c) Richtig;
   d) Richtig; e) Falsch – Er findet Computerspiele doof. f) Richtig.

11 *A family is introduced!* Großmutter, Mann, Vater, Frau, Kinder, Schwester, Tochter, Bruder.

12 *A family tree*

Großvater	=	**Großmutter**	
Name: Adalbert		Name: Helene	
Alter: 84		Alter: 82	
Beruf: Bankkaufmann		Beruf: Hausfrau	

Vater	=	**Mutter**	
Name: Georg		Name: Anne	
Alter: 55		Alter: 52	
Beruf: Ingenieur		Beruf: arbeitet in einem Fotoladen	

Sohn	=	**Schwiegertochter**	**Tochter**
Name: Axel		Name: Nicole	Name: Annett
Beruf: Bankkaufmann		Beruf: ?	Beruf: Studentin

Enkelkinder

Name: Nadine	Name: Florian
Alter: 4	Alter: 2

Haustiere:

Katze: Muschi	Hund: Harro

13 Ihr, ihre, sein, seine? a) seine; b) ihr; c) seine; d) ihre; e) ihr; f) Seine.

14 Wer ist wer?
   [1]TOCHTER
   [2]VATER
   [3]SOHN
   [4]MUTTER
   [5]BRUDER
   [6]TANTE

16 Haben Sie Geschwister?
   a) Sie hat einen Bruder und zwei Schwestern.
   b) Sie sind Ärztin und Lehrerin.
   c) Sie wohnt in Berlin.

    d) Er wohnt in Hamburg und ist Koch.

    e) Er hat drei Enkelkinder – zwei Enkeltöchter und einen Enkelsohn.

17 ✐ **Welche Antwort passt?** a) 2; b) 3; c) 2; d) 1 **Kiosk** is masculine: der Kiosk (-e).

Mehr Übungen ...

1 a) Isst; b) ist; c) Sprichst; d) spielt; e) Sprecht; f) fotografiere; g) liest; h) sind.

2 a) Tante**n**; b) Sohn; c) Bruder; d) Nichte; e) Schwester**n**; f) Väter; g) Kind; h) Opa.

3 a) 2; b) 1; c) 3; d) 2.

4

a) Sein Name ist Thorsten Schmidt. Er wohnt in Berlin und ist 34 Jahre alt. Seine Hobbys sind Fußball und Musik. Er hört sehr gern Indierock, aber er hasst deutsche Musik. Er spricht Französisch und ein bisschen Englisch und er sucht eine Brieffreundin oder einen Brieffreund in Großbritannien oder Irland.

b) Sie heißt Louise Rotherbaum und ist jetzt Rentnerin. Sie war Geschichtslehrerin. Sie wohnt in Berlin und hat dort ein kleines Haus. Sie trinkt sehr gerne englischen Tee und sie liest viel über das englische Königshaus. Sie liebt englische Marmelade. Sie sucht eine Brieffreundin aus England, die ein bisschen Deutsch kann.

c) Michael kommt aus Köln und sucht Brieffreundinnen und-freunde aus der ganzen Welt. Seine Hobbys sind: Tennis, Surfen, Politik und Ökologie. Er liest gern Krimis und spielt Gitarre.

d) Ihr Name ist Petra Baumgartl. Sie kommt aus München und ist Sekretärin. Sie kocht sehr gern (Pasta) und hat auch ein Motorrad (BMW). Sie spricht Französisch, Italienisch und Englisch und reist gern. Außerdem tanzt sie sehr gut.

5 Lieber Michel, unsere Familie ist sehr groß: Ich habe noch **zwei** Schwestern, aber **keinen** Bruder. Meine Schwester Steffi **studiert** BWL. Sandy ist Sekretärin und hat **eine** Tochter und **einen** Sohn. **Mein** Vater heißt Otto und ist **Architekt**. **Meine** Mutter

ist super, sie ist sehr modern und **hört** gern Weltmusik. Ich
habe auch noch zwei Omas und zwei Opas. **Mein** Opa Georg ist
interessant: Er war **Boxer**. Außerdem habe ich noch drei **Tanten**
und zwei Onkel. Na ja, und **einen** Neffen: Boris, zwei Jahre alt.
Und natürlich **unsere** Katzen: Cleopatra und Cäsar. Wie ist
deine Familie? Bis bald. Dein Marcus

Lektion fünf   Essen und Einkaufen

2 **Hören Sie zu!** Map 1 – Dialogue b; Map 2 – Dialogue c; Map 3 –
Dialogue a.

3 *Fill in the missing words* a der Nähe eine; b es hier in der Nähe
ein Café; c hier in der Nähe einen; d Gibt es hier in der Nähe
einen.

4 **Wohin gehen die Leute?** a) ein Restaurant; b) ein Kino;
c) einen Supermarkt.

5 **Was sagen Sie?**
a) Gehen Sie geradeaus und dann rechts in die Hauptstraße.
Dort finden Sie rechts eine Post.
b) Gehen Sie geradeaus und dann rechts in die Hauptstraße.
Dort finden Sie links ein Café.
c) Nehmen Sie die erste Straße rechts. Gehen Sie geradeaus und
dann wieder rechts. Dort finden Sie links einen Park.

8 **Richtig oder Falsch?** a) Richtig; b) Falsch – Er möchte ein Bier;
c) Richtig; d) Richtig; e) Falsch – Sie bestellt ein Mineralwasser
und einen Kaffee; f) Richtig; g) Falsch – Er bekommt einen
Orangensaft; h) Richtig.

9 *What else can you say?* a) möchten, nehmen; b) nehme, trinke.

10 **Der, die oder das?** c) das; d) das; e) der; g) der.

12 **Ergänzen Sie die Dialoge**
Kellner   Was **möchten** Sie, bitte?
Frau   Ich **nehme** einen Kaffee.
Kellner   Einen Kaffee. Und was **möchten** Sie?
Herr   Also, ich **trinke** ein Wasser.

Kellner   Und was **nehmen** Sie?
Frau 2   Ich **nehme** einen Orangensaft.

Kellner   Was **nehmen** Sie?
Herr   Ich **nehme** ein Mineralwasser.
Kellner   Und Sie? Was **möchten** Sie?
Herr 2   Ich **möchte** einen Tomatensaft mit einem Schuss
            Wodka.
Frau   Und ich **trinke** eine Tasse Tee.

13 Wer bekommt was? a) f; b) r; c) f; d) f.

15 ✎ Welche Antwort stimmt? a) 1; b) 1; c) 2; d) 1; e) 2.

17 Was gehört zusammen? a) 7; b) 1; c) 8; d) 3; e) 2; f) 6; g) 5; h) 4.

19 Wie heißt das? ii) die Tüte; iii) die Packung; iv) die Flasche.

20 Finden Sie die richtigen Paare a) 2; b) 1; c) 5; d) 4; e) 3.

21 Verschiedene Geschäfte (*These are just some of the possibilities:*)
a) Fleisch und Würstchen; b) Gemüse und Eier; c) Bier, Wein
und Orangensaft; d) Zucker, Milch und Müsli.

24 Im Laden a) Sie kauft zehn Brötchen. b) 1 Kilo Tomaten kostet
1,95 Euro. c) Sie kauft einen Riesling. d) Sie nimmt zwei
Flaschen.

25 Was sagt der Kunde? a) Guten Tag. Haben Sie Eier? b) 6 Stück,
bitte. c) Was kostet der Sekt? d) Dann nehme ich zwei Flaschen,
bitte. e) Ja, das ist alles. f) Bitte schön.

27 Frage der Woche
a) Er geht meistens einmal pro Woche ins Restaurant.
b) Er geht gern im Sommer in den Biergarten.
c) Er geht jeden Tag in den Park.
d) Sie geht eigentlich lieber ins Café.
e) Die Kinder essen gern Eis.
f) Sie geht oft ins Kino und in die Disco. Sie findet Tom Cruise
sehr attraktiv.

28 Ergänzen Sie bitte a) ins Restaurant; b) in die Oper; c) ins Café;
d) in die Kneipe; e) ins Kino.

Mehr Übungen ...

1 a) einen; b) ein; c) einen, eine; c) keinen, keinen; e) eine; f) ein.

2 a) ins; b) in die; c) ins; d) ins; e) in den.

3 a) Äpfel; b) Brötchen; c) Würste; d) Flaschen; e) Kartoffel;
 f) Kännchen; g) Gläser; h) Partys.

4 a) Geh geradeaus!; b) Esst kein Fleisch!; c) Hören Sie zu!;
d) Komm!; e) Spielt Fußball!

Lektion sechs   Uhrzeiten und Verabredungen

1 **Die Wochentage**: Sonntag, Montag, Dienstag, Mittwoch,
Donnerstag, Freitag, Samstag / Sonnabend.
2 **Im Hotel** a) f; b) r; c) f; d) r.
4 ✐ **Haben Sie ein Zimmer frei?**

	Dialog 1 Herr Muth	Dialog 2 Frau Pestalozzi	Dialog 3 Frau Renner
Zimmer	ein Einzelzimmer	ein Doppelzimmer	zwei Doppelzimmer
Personen	eine	eine	vier
Bad / Dusche	Bad	Dusche	Bad / Dusche
Nächte	vier	eine Nacht	fünf
Tage	Dienstag bis Freitag		Sonntag bis Donnerstag
Zimmernummer	263	27	13 und 34
Preis	59 Euro	128 Euro	110 Euro

5 **Was sagt der Gast?** . . . Sie ein Zimmer frei? / Ein
   Doppelzimmer, bitte. / Für drei Nächte. / Mit Bad, bitte. / Um
   wie viel Uhr gibt es Frühstück?

7 **Pension Ingrid** a) False – 100 metres from the beach; b) True;
   c) True; d) True.

10 **Wie spät ist es?** e, d, f, b, a, c.

11 ✐ **Schreiben Sie bitte die Uhrzeiten** a) Viertel nach zwei;
   b) Kurz vor halb sieben; c) Zwanzig vor acht; d) Zehn vor neun;
   e) Halb fünf; f) Fünf nach acht.

12 **Mehr Uhrzeiten** Es ist ...
   a) ... Viertel nach zwei. / ... zwei Uhr fünfzehn.
   b) ... Viertel vor sechs. / ... fünf Uhr fünfundvierzig
   c) ... zehn Minuten nach sechs. / ... sechs Uhr zehn.
   d) ... eine Minute vor sechs. / ... fünf Uhr neunundfünfzig.
   e) ... halb vier. / ... drei Uhr dreißig.
   f) ... zehn vor neun. / ... acht Uhr fünfzig.
   g) ... halb drei. / ... zwei Uhr dreißig.
   h) ... zweiundzwanzig Minuten nach zehn. / ... zehn Uhr
       zweiundzwanzig.

14 **Die 24-Stunden-Uhr** a) f; b) f; c) r; d) f.

15 **Üben Sie: morgens, mittags und abends** Es ist: a) ein Uhr
   mittags; b) vier Uhr nachmittags; c) acht Uhr abends; d) elf Uhr
   abends; e) neun Uhr morgens; f) sechs Uhr morgens; g) drei
   Uhr nachmittags; h) drei Uhr morgens.

16 **Üben Sie: die 24-Stunden-Uhr** Es ist: a) dreizehn Uhr;
   b) dreiundzwanzig Uhr fünfunddreißig; c) sieben Uhr
   fünfundvierzig; d) achtzehn Uhr zwölf; e) fünfzehn Uhr zwanzig;
   f) vier Uhr siebzehn; g) zwölf Uhr fünf; h) null Uhr
   vierundfünfzig.

17 ✐ **Radio- und Fernsehprogramme** a) 20:00; b) 14:03; c) 13:00;
   d) 07:57; e) 15:44; f) 17:03.

19 *Separable verbs* a) steht auf. b) sieht fern. c) fängt ... an. d) kauft
   ein.

20 ⊘ **Was macht Herr Fablione?**
  a) Er steht normalerweise gegen halb 7 Uhr auf.
  b) Seine Arbeit fängt um 8 Uhr an.
  c) Feierabend hat er gegen 4 Uhr.
  d) Mit seinen Kindern geht er manchmal in den Park und manchmal in den Zoo.
  e) Nein, er sieht nicht viel fern.
  f) Sie gehen ein- oder zweimal in der Woche aus.
  g) Er geht normalerweise um halb 12 ins Bett.
  h) Herr Fablione ist Automechaniker. Er kauft morgens frische Brötchen und frühstückt mit seiner Frau und den Kindern, usw.

25 Richtig oder Falsch? a) Richtig; b) Falsch – Bayern ist der Favorit; c) Falsch – Man kann ein Stück von Shakespeare sehen; d) Richtig.

26 Am Sonntag in Hannover
  a) Man kann eine Fahrradtour machen.
  b) Man kann ein Theaterstück für Kinder und Erwachsene (,,*Die Abenteuer von Aladin*'') sehen.
  c) Anschließend kann man spielen, Kaffee trinken und Kuchen essen. Man kann auch ins Faust-Theater gehen.
  d) Um halb neun kann man ,,Oldies und Goldies'' hören.
  e) Sie können den Filmklassiker ,,Metropolis'' sehen.

29 ⊘

	Was muss er / sie machen?	Was möchte er / sie machen?
Person 2	Er muss geschäftlich nach München fahren.	Er möchte in die Oper gehen.
Person 3	Sie muss noch zwei Stunden arbeiten.	Sie möchte gern in den Park gehen und lesen.
Person 4	Er muss jeden Tag eine halbe Stunde laufen.	Er möchte lieber eine Pause machen und einen Hamburger essen und eine Cola trinken.

30 ⊘ **Kommst du mit ins Kino?** a) 1; b) 2; c) 1; d) 2.

31 Kommst du mit essen? *(There are other possibilities, too.)*
Hallo, Jutta. Mir geht's gut. Und dir? / Ja, gerne. Wann denn? /
Tut mir leid. Dienstagabend kann ich nicht. Da muss ich
arbeiten. / Tut mir leid. Am Freitag gehe ich ins Theater. Geht es
Samstagabend? / Wann treffen wir uns? / Sehr gut. Tschüss bis
Samstagabend.

Mehr Übungen ...

1 Um 6.30 Uhr steht er auf. Danach fährt er um 7.00 Uhr zur
Arbeit. Dann ruft er eine Kundin an. Um 12.30 Uhr geht er zur
Bank und um 17.00 Uhr geht er einkaufen. Um 19.00 Uhr geht
er mit Bernd, Helga und Ulrike in die Kneipe. Danach sieht er
um 22.00 Uhr fern.

2 a) Um wie viel Uhr gibt es Frühstück?
   b) Ich möchte ein Zimmer mit Bad und Dusche.
   c) Er kann sehr gut Tango tanzen.
   d) Was kann man in London machen?
   e) Ich möchte am Dienstag essen gehen.
   f) Frau Johnson kann sehr gut Deutsch sprechen.
   g) Herr Krause muss heute bis 8.00 Uhr arbeiten.
   h) Frau Dr. Schmidt muss am Montag nach New York fliegen.

3 *(There are other possibilities too:)*
... Am Montag muss ich 500 irreguläre Verben für meine Englischprüfung lernen. Am Dienstagabend muss ich bis Mitternacht
arbeiten. Am Mittwoch muss ich geschäftlich nach Köln fahren.
Am Donnerstag muss ich mit Petra in die Kneipe gehen.
Am Freitagnachmittag muss ich meiner Frau bei der Gartenarbeit
helfen. Am Samstagmorgen muss ich einkaufen.

Test your German

1 a) Mein Name ist ... / Ich heiße ... – Ich komme aus ...
   b) i) Wie ist Ihr Name? / Wie heißen Sie? ii) Wie ist dein Name?
/ Wie heißt du? c) Meine Telefonnummer ist ... d) i) Was sind
Sie von Beruf? ii) Was bist du von Beruf? e) Ich bin ... von

Beruf. – Ich bin Student / Studentin. – Ich bin arbeitslos. f) Ich bin verheiratet / ledig.

2   a) -e; b) -t; c) -en; d) -st; e) -t; f) -en.

3   a) Woher; b) Wie; c) Wo; d) Was; e) Wie; f) Wer.

4   b) Französin, Französisch; c) Italien, Italiener, Italienisch; d) Engländer, Engländerin, Englisch; e) Spanien, Spanierin, Spanisch; f) Ire.

5   eine Schwester; einen Bruder; Mein Bruder; meine Schwester; einen Hund; Meine Hobbys; Deine Petra.

6   a) Welche Hobbys haben Sie? b) *(One possible answer)* Ich schwimme gern und gehe gern ins Kino, aber ich trinke nicht gern Bier und gehe nicht gern in die Disco. c) Gibt es hier in der Nähe ein Café? d) Ich möchte ein Glas Tee, bitte. e) Ich bekomme / Ich möchte einen Cappuccino, ein Mineralwasser und zwei Bier, bitte. f) Und wie viel kostet das? g) Wie spät ist es? / Wie viel Uhr ist es? – Es ist . . .; h) Haben Sie ein Einzelzimmer für zwei Nächte?

7   a) Sie kann sehr gut Salsa tanzen. b) Ich möchte am Donnerstag essen gehen. c) Können Sie Englisch sprechen? d) Heute Abend muss ich für ein Examen lernen. / Ich muss heute Abend für ein Examen lernen.

8   a) Ich stehe normalerweise um . . . Uhr auf. b) Meine Arbeit / Mein Studium fängt um . . . Uhr an. c) Ich sehe abends oft / viel fern. / Ich sehe abends nicht oft / viel fern. d) *(One possible answer)* Ich gehe lieber in die Kneipe als ins Museum. e) *(One possible answer)* Ja, man kann sehr viel machen. Man kann zum Beispiel sehr gut essen gehen, man kann ins Kino gehen . . .

Lektion sieben   Alltag in der Stadt

1   *Match the shop names to the photos* a = 3; b = 1; c = 4; d = 5; e = 7; f = 2; g = 6.

2   Was kann man in diesen Geschäften kaufen? a) 2; b) 6; c) 1; d) 7; e) 8; f) 4; g) 5; h) 3.

3   Herr Fuhrmann ist im Stress
   a) Die Digitalkamera können Sie im Fotogeschäft kaufen.
   b) Geld können Sie auf der Bank wechseln.
   c) Ein Buch über Schottland bekommen Sie in der Buchhandlung.
   d) Die neue CD von Vanessa Mae können Sie im Kaufhaus
       bekommen.
   e) Aspirin und Shampoo können Sie in der Apotheke besorgen.
   f) Einen Adapter bekommen Sie im Elektroladen.
   g) Einen Regenschirm können Sie im Kaufhaus bekommen.

4   ⊘ Herr Fuhrmann kauft ein.

WO IST ER?	WAS KAUFT / BEKOMMT ER?
2 Er ist in der Buchhandlung.	Er kauft zwei Reiseführer über Schottland.
3 Er ist im Elektroladen.	Er bekommt einen Adapter.
4 Er ist im Kaufhaus.	Er kauft die neue CD von Vanessa Mae.
5 Er ist auf der Bank.	Er wechselt Geld./ Er wechselt 200 Euro.
6 Er ist wieder im Kaufhaus.	Er kauft keinen Regenschirm. Er hat keine Zeit (mehr).

5   Wohin geht Herr Fuhrmann? *Zuerst geht er ins Fotogeschäft und kauft eine kleine Digitalkamera. Dann geht er* in die Buchhandlung und kauft zwei Reiseführer über Schottland. Danach geht er in den Elektroladen und kauft einen Adapter. Anschließend geht er ins Kaufhaus und kauft eine CD. Später geht er auf die Bank und wechselt Geld. Zum Schluss geht er wieder ins Kaufhaus, aber er kauft keinen Regenschirm. Er hat keine Zeit.

6   *More consumer goods* a) der Fernseher – im Elektroladen / im Kaufhaus; der Pullover – im Kaufhaus; das Parfüm – in der Drogerie; das Aspirin – in der Apotheke; die CD – im Kaufhaus; der Reiseführer – in der Buchhandlung; die Waschmaschine – im Elektroladen; die Hautcreme – in der Drogerie / in der Apotheke.

7 Was ist das? a) Zahnpasta; b) Shampoo; c) Regenschirm;
d) Apotheke; e) Bank; f) Uhr.

8 Was macht Herr Ihßen um diese Uhrzeiten? a Er steht auf. Er
ist müde, etc.; **b** Er frühstückt und liest die Zeitung, etc.; **c** Er
verlässt das Haus, etc.; **d** Er arbeitet im Studio, etc.; **e** Er
telefoniert, etc.; **f** Er kauft ein, etc.; **g** Er trifft einen Freund, etc.;
h Er sieht fern, etc.

9 Richtig oder falsch? a) Falsch; b) Richtig; c) Falsch; d) Falsch;
e) Richtig; f) Richtig; g) Falsch.

10 Wie heißt es richtig?
WOHIN? a) in die; b) in den; c) auf den; d) in die. **WO?**
a) in der; b) im; c) auf dem; d) in der.

11 Ein kurzes Porträt: Jörg Ihßen
  a) Er ist Journalist.
  b) Er arbeitet bei einem Fernsehsender.
  c) Er schreibt Texte, telefoniert, schneidet Filme und bereitet
     Interviews vor.
  d) Meistens isst er in der Markthalle.
  e) Meistens kauft er im Supermarkt ein. Am Wochenende geht
     er aber auch oft auf den Markt.
  f) Sie gehen in die Kneipe.
  g) Er findet seinen Beruf interessant, aber auch anstrengend.

12 Was passt zusammen? a) am Computer – schreiben / arbeiten;
b) in der Kneipe – trinken / essen; c) im Restaurant – trinken /
essen; d) eine Mittagspause – machen; e) einen Freund – treffen
/ sehen; f) eine Rechnung – bezahlen / schreiben; g) die
Nachrichten – sehen.

13 ⊘ Welche Antwort ist richtig? a) in Jena; b) ganz in der Nähe
vom Zentrum; c) in der Bibliothek; d) in der Mensa; e) in einem
kleinen Laden; f) ins Kino; g) in die Disco.

18 ⊘ Welche Person . . . ? 1 = c; 2 = a; 3 = d; 4 = b.

19 Richtig oder falsch? a) Falsch; b) Richtig; c) Richtig; d) Falsch;
e) Richtig; f) Richtig.

20 Was fragen die Leute? a zum; **b** zur; **c** vom ... zum; **d** zum.

22 Zur oder **zum?**

Wie komme ich	zur	Gedächtniskirche Stadtbäckerei Bundesstraße	**?**
	zum	Flughafen Bahnhof Café Mozart Fußballstadion	

24 Ordnen sie bitte zu

AUTO	BUS / BAHN
Parkprobleme	Bahnhof
Führerschein	Wochenkarte
Parkschein	Einzelfahrschein
Autobahn	gut für die Umwelt
nicht gut für die Umwelt	Tageskarte
	umsteigen
	Monatskarte

Mehr Übungen ...

1   a) 2; b) 1; c) 2; d) 3.

2   a) ins, im; b) in die, in der; c) in die, in der; d) in den, im; e) ins, im.

3   a) dem, zur; b) der, zur; c) dem; d) dem; e) der.

4   *Von seinem Haus bis zur Bushaltestelle geht Florian zu Fuß. Dann fährt er* mit dem Bus zum Bahnhof. Vom Bahnhof fährt er mit der U-Bahn ins Stadtzentrum. Vom Stadtzentrum geht er dann zu Fuß ins Büro.

Lektion acht   Was haben Sie gemacht?

2 **Wie heißen die Partizipien?** a) getanzt; b) gemacht;
   c) gefrühstückt; d) gekostet; e) gekocht; g) bezahlt; h) besucht.

3 **Welches Wort passt?** a) gekostet; b) getanzt; c) besucht;
   d) eingekauft; e) bezahlt.

4 **Was passt zusammen?** a) 4; b) 5; c) 6; d) 1; e) 2; f) 3.

5 ✐

	ULRIKE	ANGELA
Am Morgen	Sie war in der Stadt und hat eingekauft.	Sie hat einen neuen Computer gekauft.
Am Nachmittag	Sie hat Britta und Georg besucht.	Sie hat mit dem Computer gespielt.
Am Abend	Sie hat bis drei Uhr nachts getanzt.	Sie hat gekocht und klassische Musik gehört.

   a) Sie war in der Stadt.
   b) Ein DJ aus New York.
   c) 1800 Euro.
   d) Sie haben klassische Musik gehört.

6 Am Samstagmorgen war Ulrike in der Stadt und hat eingekauft.
   Danach hat sie Britta und Georg besucht. Am Abend war sie
   dann in der „Mondschein-Bar" und sie hat bis drei Uhr getanzt.
   Sie hat viel Spaß gehabt.

   Angela hat am Morgen einen neuen Computer gekauft.
   Anschließend hat sie den ganzen Tag mit dem Computer
   gespielt. Sie hat 1800 Euro für den Computer bezahlt. Am Abend
   hat sie mit Bernd gekocht und sie haben klassische Musik gehört.

7   Partner A *(Answers from Partner B.)*

	Samstag	Sonntag
Am Morgen	Sie / Er um 9.00 Uhr gefrückstückt. Danach hat sie/er ein neues Handy gekauft.	Sie / Er hat um 10.00 Uhr Tennis gespielt. Dann hat sie/er Mittagessen gekocht.
Am Nachmittag	Sie / Er hat einen Spaziergang gemacht und viel fotografiert.	Sie / Er hat Musik gehört und Vokabeln gelernt.
Am Abend	Sie / Er hat im Star-Club getanzt.	Sie / Er hat Freunde besucht.

Partner B *(Answers from Partner A.)*

	Samstag	Sonntag
Am Morgen	Sie / Er hat um 10.00 Uhr im Café gefrühstückt. Dann hat sie/er engekauft.	Sie / Er hat im Garten gearbeitet.
Am Nachmittag	Sie / Er hat einen Tai-Chi-Kurs gemacht.	Sie / Er hat einen Spaziergang im Stadtpark gemacht.
Am Abend	Sie/Er hat Freunde besucht. Sie haben zusammen gekocht.	Sie / Er hat mit einer Freundin telefoniert und im Internet gesurft.

8   Auf dem Flohmarkt

a) Sie sagen, er hat eine fantastische Stimme.
b) Herr Günther fährt dieses Jahr nach Südamerika. Er reist gern.
c) Annett hat ein neues Hemd gekauft. Das Hemd hat 10 Euro gekostet.
d) Er kann morgens schlecht aufstehen.

9   Ergänzen Sie a) fantastische; b) interessantes; c) tolle; d) alten, mechanischen.

10 Mehr Adjektivendungen

a) Er braucht ein neu**es** Handy.
b) Sie hat einen modisch**en** Pullover.
c) Ich möchte gern eine gut**e** Flasche Wein.
d) Herr Ihßen hat einen interessant**en**, aber auch anstrengend**en** Beruf.
e) Hast du ein schön**es** Wochenende gehabt?
f) Sie haben alt**e** Freunde besucht.

11 Wie heißt das Gegenteil? a) groß; b) teuer; c) langweilig; d) neu; e) arm; f) schwer; g) altmodisch.

15 Was fehlt? a) bin; b) hat; c) Haben; d) ist; e) Bist; f) hat; g) habe; h) habe.

16 Eine anstrengende Woche

a) Er ist nach New York geflogen.
b) Auf einer Party hat er Kaviar gegessen und Champagner getrunken.
c) Er hat Robert de Niro getroffen.
d) In Florida ist er im Atlantik geschwommen.
e) Er hat neue italienische Anzüge gekauft.
f) Am Freitag ist er ins Kasino gegangen.
g) Am Wochenende ist er Ski gelaufen.
h) Sein neues Lied heißt: „Ich kann dich nicht vergessen".

17 Wie heißt es richtig? a) getrunken; b) treffen; c) gegessen; d) gesprochen; e) gegangen; f) gefahren; g) fliegen; h) bleiben.

18 ✐ Mehr über Peter Wichtig . . .

Wie lange macht er Musik?	Wer schreibt seine Songs?
Seit zehn Jahren genau.	Er komponiert die Musik selber und schreibt auch die Texte.
Was war sein erster Hit?	**Was macht er in seiner Freizeit?**
Um acht Uhr aus dem Bett, das finde ich nicht nett.	Im Winter fährt er gern Ski. Im Sommer surft er, spielt Tennis oder spielt Golf. Er geht auch auf viele Partys und sieht viele Freunde.
Wie viele CDs hat er gemacht?	
Insgesamt zehn.	

22 ⊘ **Klassentreffen**

	HAARE	TRINKEN	MUSIK	FREIZEIT
Juliane	hat schöne schwarze Haare gehabt	hat viel Kräutertee getrunken	hat gern Folkmusic gehört	ist viel geschwommen
Dieter	hat lange Haare gehabt	hat Rum mit Cola getrunken	hat Bluesmusik und Eric Clapton gehört	hat Musik in einer Band gemacht

Und heute?

	HAARE	TRINKEN	MUSIK	FREIZEIT
Juliane	hat immer noch schöne schwarze Haare	trinkt gern Gin Tonic	hört moderne Musik	geht zum Windsurfen, reist gern
Dieter	hat keine Haare mehr	trinkt viel Wasser, manchmal ein Glas Rotwein	hört gern klassische Musik, vor allem Beethoven	geht oft ins Konzert, spielt Tennis

JULIANE: Vor 25 Jahren hat Juliane schöne schwarze Haare
gehabt, heute hat sie immer noch **schöne schwarze** Haare.
Früher hat sie viel Kräutertee getrunken, aber heute trinkt sie
manchmal gern **Gin Tonic**. Vor 25 Jahren hat sie gern
Folkmusik gehört, aber heute hört sie **moderne Musik**.
Früher ist sie viel **geschwommen**, aber heute geht sie zum
Windsurfen und reist gern.

DIETER: Vor 25 Jahren hat Dieter lange Haare gehabt, aber heute
hat er keine Haare mehr. Früher hat er gern Rum mit Cola
getrunken, aber heute trinkt er viel Wasser und manchmal ein
Glas Rotwein. Vor 25 Jahren hat er viel Bluesmusik und Eric

Clapton gehört, aber heute hört er gern klassische Musik, vor allem Beethoven. Früher hat er Musik in einer Band gemacht (er hat Gitarre gespielt), heute geht er gern ins Konzert und spielt Tennis.

Mehr Übungen ...

1 a) geflogen; b) besucht; c) abgeholt; d) gegangen; e) gesehen;
f) geschlafen.

2 a) sind; b) haben; c) haben; d) haben; e) sind; f) haben.

3 a) Um 10 Uhr hat sie mit Frau Martini telefoniert.
b) Danach hat sie die Firma Schmidt + Consultants besucht.
c) Um 12 Uhr 45 hat sie im Café ein Sandwich gegessen.
d) Um 15.00 Uhr hat sie Briefe diktiert und Tickets für die Reise nach Rom gebucht.
e) Um 17 Uhr ist sie ins Fitnesscenter gegangen.
f) Um 19 Uhr 30 hat sie zwei alte Freundinnen getroffen.

Lektion neun   Ich wohne lieber in der Stadt

2

a	b	c	d	e
3	4	1	5	2

4 Richtig oder falsch? a) Falsch. Familie Poschnik hat einen großen Garten; b) Richtig; c) Richtig; d) Falsch. Die Wohnung von Frau Heinrich ist sehr hell (und auch ruhig); e) Falsch. Matthias wohnt gern in seiner Wohngemeinschaft.

5 Wie heißt es richtig? a) das Reihenhaus; d) die Wohnung;
e) das Hochhaus; f) das Studentenwohnheim.

6 Wie heißt es richtig?
. . . in **einer** Wohngemeinschaft / Wohnung.
. . . in **einem** Hochhaus / Hotel / Reihenhaus / Studentenwohnheim.

7 a) -em; b) -er; c) -er; d) -em; e) -en, -n.

9 **Wie heißen die Zimmer?** a) das Schlafzimmer; b) das
Kinderzimmer; c) die Küche; d) das Badezimmer; e) das
Wohnzimmer; f) der Balkon; g) das Arbeitszimmer / der
Arbeitsraum.

10 Wohin kommen die Möbel?
The conventional answers are as follows. Perhaps you have other
ideas!

Der Tennisschläger kommt in den Kellner.
Der Schrank kommt ins Wohnzimmer.
Das Bett kommt ins Schlafzimmer.
Der DVD-Rekorder kommt ins Wohnzimmer.
Der Küchentisch kommt in die Küche.
Die Pflanze kommt ins Wohnzimmer.
Die Waschmaschine kommt in den Keller.
Das Sofa kommt ins Wohnzimmer.
Der Sessel kommt ins Wohnzimmer.
Der Fernseher kommt ins Wohnzimmer.
Die Teller kommen in die Küche.
Das Bild kommt auch ins Wohnzimmer.
Die CDs kommen auch ins Wohnzimmer.
Das Regal kommt in den Arbeitsraum.
Die Bücher kommen auch in den Arbeitsraum.
Der Topf kommt in die Küche.
Der Kühlschrank kommt in die Küche.
Die Gummiente kommt ins Badezimmer.

11 ✍ **Herr und Frau Martinis neue Wohnung:** a) Sie haben fast
sechs Monate gesucht. b) Sie haben vier Zimmer, plus Küche
und Bad. c) Sie kostet 510 Euro, plus Nebenkosten. d) Sie liegt
in der Nähe vom Stadtpark. e) Sie brauchen noch eine neue
Waschmaschine und für die Küche ein paar Regale. f) Sie
machen nächsten Monat eine Party.

13 VORTEILE (+):
1 Die Wohnung ist sehr groß.
2 Sie haben jetzt mehr Platz.

3 Die Wohnung liegt relativ zentral, in der Nähe vom Stadtpark.
4 Die Umgebung ist ruhig und sehr grün.
5 Die Miete ist nicht so teuer, 510 Euro.
6 Die Verkehrsverbindungen sind sehr gut.

NACHTEILE ($-$):
1 Bis zum nächsten Supermarkt ist es ein bisschen weit.
2 Der Arbeitsraum ist sehr klein.
3 Die Wohnung hat keinen Keller.

14 Sagen Sie es anders a) 3; b) 1; c) 2; d) 3.

16 ✐ **Richtig oder falsch?** a) Richtig; b) Falsch; c) Richtig; d) Falsch; e) Falsch; f) Richtig; g) Richtig; h) Falsch.

18 Leben Sie lieber auf dem Land oder in der Stadt?
a) Als Kind hat er auf dem Land gelebt.
b) Er findet das Leben auf dem Land viel zu langweilig.
c) Auf dem Land ist es viel grüner, die Luft ist besser, die Leute sind freundlicher.
d) Es ist sehr kosmopolitisch. Die Leute sind offener, und man kann mehr machen. Aber manchmal ist es auch stressiger als auf dem Land.
e) Dort ist es ruhiger und friedlicher als in der Stadt.

19 Was passt zusammen? Das Leben auf dem Land ist langweiliger / friedlicher / ruhiger als in der Stadt. Das Leben in der Stadt ist interessanter / kosmopolitischer / stressiger als auf dem Land.

20 Welche Stadt ist größer? Here are some possible answers:
a) Ich denke, der Rhein ist länger als die Themse. b) Das weiß ich nicht. Keine Ahnung. c) Die Schweiz ist kleiner als Österreich. d) Der Porsche ist (viel) schneller als der Polo. e) Ich finde Kino interessanter als Theater. f) Ich trinke lieber Tee. g) Ich lebe lieber in der Stadt. Ich finde, das Leben dort ist interessanter und bunter.

21 ✐ **Richtig oder falsch?** a) Falsch; b) Falsch; c) Richtig; d) Falsch; e) Falsch; f) Richtig.

23 Welche Informationen fehlen hier?
OFFENBACH: 90 Euro; fünf Minuten vom Zentrum.
ATLANTA: eine halbe Stunde; mit Swimming-Pool und Park.
SCHNEIDER: 67,50 Euro.

24 Ergänzen Sie a) größten; b) billiger; am billigsten; c) zentraler;
am zentralsten; d) ruhiger; am ruhigsten.

25 Hotels in Leipzig
a) Das Treff Hotel. b) Im Hotel Merseburger Hof. c) Im Treff
Hotel. d) Das Hotel Merseburger Hof. e) Im Treff Hotel.

Mehr Übungen ...
1

		KOMPARATIV	SUPERLATIV
a)	klein	kleiner	**am kleinsten**
b)	**gut**	besser	**am besten**
c)	billig	**billiger**	**am billigsten**
d)	**hoch**	höher	am höchsten
e)	weit	**weiter**	am weitesten
f)	**warm**	wärmer	**am wärmsten**

2 a) 3; b) 2; c) 1; d) 1; e) 2; f) 2; g) 4; h) 4.

3 Wir wohnen seit zwei Monaten in **einem** modernen Hochhaus.
Wir haben eine große Wohnung **im** zehnten Stock. Die
Wohnung liegt nicht weit **vom** Stadtpark und es gibt auch einen
guten Supermarkt in **der** Nähe. Die Verkehrsverbindungen sind
sehr gut, denn bis **zur** U-Bahn sind es nur drei Minuten und **im**
Sommer kann ich mit **dem** Fahrrad **zur** Arbeit fahren.

Lektion zehn   Ist Mode wichtig für Sie?

2   Ist Mode wichtig (✓) oder unwichtig (✗)?

Bettina Haferkamp | ✗ |

Johann Kurz | ✓ |

Boris Brecht | ✗ |

Ulrike Maziere | ✓ |

3   **Wer sagt das? Wie steht das im Text?**
   a) Sie zeigt, was Leute denken und fühlen.
   b) Die Leute sollen immer etwas Neues kaufen.
   c) Schwarze Sachen finde ich am besten.
   d) Ich ziehe nur an, was ich mag.
   e) Mode ist ein wichtiger Ausdruck unserer Zeit. / Mode
       bedeutet viel für mich.

4   **Pro Mode und contra Mode?** Was sagen die Leute pro Mode
   und contra Mode:

pro (+)	contra (−)
Mode ist ein Ausdruck unserer Zeit.	Die Leute sollen immer etwas Neues kaufen.
Sie zeigt, was Leute denken und fühlen.	Modetrends finde ich langweilig.
Mode bedeutet viel für mich.	Ich ziehe nur an, was ich mag.
Eine modische Frisur, ein modernes Outfit – das ist sehr wichtig für mich.	Ich kleide mich so, wie ich Lust habe.

5   **Üben Sie die Adjektivendungen.**
   a) Das war ein langweiliger Film.
   b) Das ist ein starker Kaffee.
   c) Das ist ein interessantes Buch.
   d) Das ist schwieriges Problem.
   e) Das ist ein neuer Computer.
   f) Das sind unfreundliche Leute.

6 ✐ **Welche Antworten stimmen?**
   a) Sie sagt, Verkäuferin ist ein **interessanter** Beruf.
   b) Sie findet, sie ist **kein modischer** Typ.
   c) Die Töchter von Frau Martens finden Modetrends **wichtig.**
   d) Kunden sind **manchmal unfreundlich.**

7 Wer trägt was?
   a) Falsch. Der Mann trägt einen dunkelblauen Anzug und eine rote Krawatte.
   b) Falsch. Außerdem trägt er ein weißes Hemd, einen grauen Mantel und graue Schuhe.
   c) Richtig. Die Frau trägt eine gelbe Bluse und eine braune Jacke.
   d) Falsch. Außerdem hat sie einen braunen Rock, eine braune Strumpfhose und braune Schuhe an.
   e) Richtig. Das Mädchen trägt eine blaue Jeans, ein weißes T-Shirt, eine rote Baseball-Mütze und weiße Turnschuhe.
   f) Falsch. Der Junge trägt eine schwarze Jeans, ein grünes T-Shirt, eine gelbe Baseball-Mütze und gelbe Turnschuhe.

9 Wie heißt es richtig?
   a) -en, -em, -en.
   b) -en, -en.
   c) -em, -en, -er, -en, -en, -en.
   d) -em, -en, -er, -en, -en, -en.
   e) -er, -en.
   f) -em, -en, -en, -en.

11 Finden Sie den Dativ! in dieser Woche; in 5 tollen Farben; mit modischem Zipper; im Schritt.

13 Richtig oder falsch?
   a) Falsch. Jutta und Christian machen **jedes Jahr** eine Party.
   b) Richtig. Das Motto für die letzte Party war Dracula.
   c) Richtig. „Bad taste" heißt auf Deutsch „schlechter Geschmack".
   d) Falsch. Die Person, die **am schlechtesten, am hässlichsten** aussieht, bekommt einen Preis.
   e) Falsch. Die Gäste bringen etwas zum **Trinken** mit.

15⦵ Was für Kleidung tragen die Leute?

	bei der Arbeit, an der Uni	zu Hause	was sie gern tragen	was sie nicht gern tragen
Mareike Brauer	eine bequeme Hose, eine Bluse, einen Pulli	eine Hose, oft eine Jeans, T-Shirt, Pullover	Alles, was bequem ist.	Röcke
Günther Scholz	einen Anzug, ein weißes Hemd, eine Krawatte	ein sportliches Hemd oder ein Poloshirt	sportliche Kleidung, elegante Kleidung	bunte Kleidung, rote Hemden, Hawaii-Hemden, bunte Hosen, usw.
Beate Strittmayer	An der Uni: Jeans oder moderne Hosen, modische T-Shirts. Auf der Arbeit: eine ziemlich schreckliche Uniform.		T-Shirts aus Amerika oder London	Alles, was langweilig ist.

17 Feiern und Partys
   a) die Hauseinweihungsfeier
   b) die Geburtstagsparty
   c) die Grillparty
   d) die Hochzeit

19 Ihr, ihm oder ihnen? a) ihr; b) ihm; c) ihnen; d) ihr; e) ihnen;
   f) ihm.

20 ⊘ Was bringen wir der Familie mit?

Wem?	Was bringen sie mit?	Warum?
Mutter	Sie bringen ihr eine CD von Frank Sinatra mit.	Sie ist ein großer Fan von Sinatra.
Vater	Sie bringen ihm eine Baseballmütze von den New York Dodgers mit.	Er sieht gern Baseballspiele im Fernsehen.
Oma	Sie bringen ihr einen neuen Bademantel mit.	Amerikanische Bademäntel sind sehr gut.
Tante Heidi	Sie bringen ihr Turnschuhe von Nike mit.	Nike-Turnschuhe sind in Amerika viel billiger als in Europa.
Onkel Georg	Sie bringen ihm einen U-Bahn-Plan von New York mit.	Er sammelt U-Bahn-Pläne.

21 ⊘ Was sagen sie, was sagen sie nicht?
   a) New York ist langweiliger als Wuppertal.

   b) Vati sieht gern Baseballspiele im Fersehen.

   c) Oma hat gesagt, sie möchte eine CD von
      Frank Sinatra.

   d) Nike-Turnschuhe sind in Amerika viel teurer   ☒ \
     als in Europa. \
   e) Onkel Georg sammelt U-Bahn-Fahrkarten.   ☒

   f) Vergiss nicht die Einkaufsliste mitzubringen!   ☒

23 Was passt zusammen? a) 4; b) 1; c) 8; d) 6; e) 7; f) 5; g) 2; h) 3.

24 ⚙ In der Parfümerie
   a) Seiner Frau möchte er ein schönes Parfüm schenken.
   b) 140 € und 160 €.
   c) Nein, beide gefallen ihm nicht.
   d) „Da müssen Sie ins Kaufhaus gehen."

25 Was stimmt hier nicht?
   a) Herr Kern möchte seiner **Frau** ein Parfüm schenken.
   b) Die Verkäuferin empfiehlt ihm „Ägyptischer Mond" und
     „Parfüm **Lola**".
   c) „Ägyptischer Mond" kostet 140 Euro.
   d) Ihm gefallen beide Parfüms **nicht**.
   e) 4711 kann man **nicht** in der Parfümerie kaufen.

26 Ordnen Sie bitte zu. a = 4; b = 8; c = 7; d = 1; e = 3; f = 5;
   g = 6; h = 2.

Mehr Übungen ...

1 a) *Verkäuferin* Ich arbeite in einem großen Kaufhaus in
     München. Bei der Arbeit trage ich einen schwarzen Rock
     und eine weiße Bluse. Im Winter trage ich zum schwarzen
     Rock auch eine schwarze Jacke.
   b) *Student* Im Moment arbeite ich bei Burger King und muss
     eine hässliche Uniform tragen. An der Uni trage ich aber
     immer eine blaue Levi-Jeans mit einem modischen T-Shirt.
     Mir gefallen am besten amerikanische oder britische
     T-Shirts. Alte Sachen vom Flohmarkt gefallen mir manchmal
     auch.

2 b) 3 – Die Katze schenkt er seiner Großmutter.
   c) 6 – Das Buch über englische Grammatik schenkt er seinem
       guten Freund, Jörg.
   d) 2 – Den alten Computer schenkt er seinem jüngeren
       Bruder.
   e) 1 – Das Poster von Brad Pitt schenkt er seiner Freundin.
   f) 5 – Den schönen Hibiskus schenkt er seiner Mutter.

3 a) 5; b) 4; c) 3; d) 6; e) 1; f) 2.

Lektion elf   Urlaub, Wetter und Gesundheit

1 ✐ Wo waren Sie dieses Jahr im Urlaub?

	Herr Schmidt	Frau Bosch	Frau Wagner	Peter Kemper
war in den Bergen		x		
war auf Mallorca	x			
hatte kein Geld				x
ist an die Ostsee gefahren			x	
hat einen Job gesucht				x
hatte schlechtes Wetter			x	
ist Ski gelaufen		x		
hat deutsches Bier getrunken	x			
möchte nächstes Jahr in die Schweiz fahren		x		
möchte nach New York				x
möchte wiederkommen	x			
möchte in den Süden fliegen			x	

2 **Wie heißt es richtig?** a) Richtig; b) Falsch. Er hat deutsches Bier
getrunken. c) Falsch. Frau Bosch hat einen Skiurlaub in
Österreich gemacht. d) Richtig; e) Falsch. Das Wetter in
Travemünde war eine Katastrophe. f) Falsch. Peter Kemper hat
keinen Urlaub gemacht.

3 **Verben + „Bewegung"** a) mit dem Flugzeug fliegen; b) auf den
Berg steigen; c) zu Fuß gehen; d) mit dem Auto fahren; e) im
Meer schwimmen; f) Ski laufen.

4 **Wie heißt es im Perfekt?**
a) Er **ist** zu Fuß nach Hause **gegangen**.
b) Petra und Ulrike **sind** jeden Tag vier Stunden im Meer
geschwommen.
c) Frau Müller **ist** fast jeden Tag Ski **gelaufen / gefahren**.
d) Seppl Dreier ist auf den Mount Everest **gestiegen**.
e) Diesmal **bin** ich mit der Lufthansa nach London **geflogen**.
f) Annette **ist** viel mit dem Fahrrad **gefahren**.

5 **Was haben Sie in Ihrem letzten Urlaub gemacht?** *(A sample
response:)*
Ich war in Kairo. Ich bin drei Wochen geblieben. Ich habe in
einem 4-Sterne-Hotel gewohnt. Das Wetter war sehr gut. Ich
habe die Pyramiden besucht. Ich bin im Nil geschwommen.
Dann habe ich mit einem Krokodil gekämpft. Ein Fernsehteam
hat mich gefilmt. Ich habe Interviews gegeben. Ich war ein
großer Star. Ich kann einen Film in Hollywood machen: ich
spiele im neuen Tarzan-Film.
Es hat mir sehr gut gefallen. Nächstes Jahr will ich nach
Australien fahren.

6 **Trend: Kurztrip statt Strandurlaub** a) r; b) f; c) r; d) r; e) f.

9 ✐ **Was für Wetter hatten Sie im Urlaub?**

	wo sie waren	Jahreszeit	Temperaturen	Wetter
Bärbel Specht	auf Kreta	Frühling	um 28 Grad	Ideal. Kein Regen. Jeden Tag Sonne und ein leichter Wind.
Jutta Weiss	Australien	Dezember (Sommer in Australien)	über 35 Grad	Sonne. Manchmal ein Gewitter.
Gerd Krönke	Schottland	Herbst	20–25 Grad	Regen, Nebel.

10 Das Wetter in Europa
   a) In München ist es wärmer.
   b) 20 Grad Celsius.
   c) Ja, es gibt Schauer.
   d) Nein. In Wien scheint die Sonne und es ist bedeckt.
   e) In Spanien gibt es Gewitter.
   f) In Kairo scheint die Sonne. Die Temperatur beträgt zwischen 30 und 35 Grad.

11 ✐ **Der Wetterbericht im Radio**
   a) Nachts sind es **8 bis 0 Grad**.
   b) Tagsüber sind es im Südosten **23 Grad**.
   c) Montag gibt es im Norden und im Osten **Wolken und Regen**.
   d) Dienstag gibt es in ganz Deutschland **Regen**.
   e) Am Mittwoch ist es **besser**.

12 Ordnen Sie zu

<u>gesund</u>	<u>ungesund</u>
regelmäßig joggen	viele Hamburger essen
Salate essen	fernsehen und Kartoffelchips essen
zweimal in der Woche schwimmen gehen	jeden Tag vier Flaschen Bier trinken
ein Glas Rotwein pro Tag trinken	fünf Stunden ohne Pause vor dem Computer sitzen
Fahrrad fahren	
lange spazieren gehen	

13 „Wenn" – Sätze *(Possible answers:)*

Es ist gesund, wenn man Salate isst.
Ich finde es ungesund, wenn man fernsieht und Kartoffelchips isst.
Es ist gesund, wenn man zweimal in der Woche schwimmen geht.
Ich finde es ungesund, wenn man jeden Tag vier Flaschen Bier trinkt.
Ich finde es aber gesund, wenn man ein Glas Rotwein pro Tag trinkt.
Es ist ungesund, wenn man fünf Stunden ohne Pause vor dem Computer sitzt.
Es ist gesund, wenn man Rad fährt und auch wenn man lange spazieren geht.

16 Finden Sie die Antworten

	Was tun sie im Moment?	Was dürfen sie nicht tun?	Was sollen sie tun?	Was wollen sie tun?
Lydia	treibt viel Sport, spielt Fußball, Handball, ein bisschen Tennis; raucht nicht, trinkt sehr wenig Alkohol; isst gesund	–	–	will vielleicht einen Fitness-urlaub machen
Michael	joggt abends	darf nicht mehr rauchen	soll weniger Fett essen; soll mehr Sport treiben	will am Wochenende mehr mit dem Rad fahren
Marianne	geht vier-bis fünfmal in der Woche schwimmen	darf nicht mehr Volleyball spielen; darf auch nicht mehr Ski fahren	soll viel schwimmen gehen	will wieder aktiver leben
Egbert	geht Windsurfen und Tauchen; geht auch Ski fahren	–	soll nicht mehr so viel Sport machen	will mehr relaxen

17 Verbinden Sie

Lydia Schmidt-Joyner ...	fühlt sich sehr fit.
Michael Warnek ...	darf nicht mehr rauchen. soll mehr Sport treiben.
Marianne Feuermann ...	darf nicht mehr Ski fahren.
Egbert Schmidt-Tizian ...	soll weniger Sport treiben. will mehr Freizeit haben.

18 Sollen, wollen, dürfen: Was passt am besten?
a) Herr Kaspar ist zu dick. Die Ärztin sagt, er **soll** weniger essen.
b) Frau Meier liebt Italien. Sie **will** nächstes Jahr nach Neapel fahren.
c) Peter ist morgens immer müde. Seine Mutter sagt, er **soll** früher ins Bett gehen.
d) Beate Sabowski hat Herzprobleme. Der Arzt sagt, sie **darf** nicht mehr rauchen.
e) Kinder unter 16 Jahren **dürfen** den Film nicht sehen.
f) Man **soll** nicht zu viel Kaffee trinken.
g) Im Sommer fahre ich nach Argentinien. Vorher **will** ich ein wenig Spanisch lernen.

20 Was tut hier weh? a = 8; b = 3; c = 2; d = 1; e = 5; f = 7; g = 4; h = 6.

21 ✐ Beim Arzt a) Richtig; b) Falsch. Die Schmerzen hat sie seit fast vier Wochen. c) Richtig; d) Richtig; e) Falsch. Sie darf kein Volleyball spielen. Sie soll lieber zum Schwimmen gehen.
f) Falsch. Sie sagt, es ist sehr wichtig.

23 Verschiedene Ärzte
a) Mit den Kindern geht man **zum Kinderarzt** (oder **zur Kinderärztin**).
b) Wenn man Probleme mit dem Rücken hat, geht man **zum Arzt für Orthopädie** (oder **zur Ärztin für Orthopädie**).

c) Wenn man Probleme mit den Augen hat, geht man **zum Augenarzt** (oder **zur Augenärztin**).

d) Wenn eine Frau ein Baby bekommt, geht sie **zum Frauenarzt** (oder **zur Frauenärztin**).

e) Wenn man zum Beispiel eine Grippe oder Fieber hat, geht man zur **Fachärztin für Allgemeinmedizin** (oder **zum Facharzt für Allgemeinmedizin**).

Please note that when making a general statement, such as, 'I am going to the GP, dentist, etc.' it is more common to use the male form in German. The female form is used if you are going to see a specific female doctor.

24 ⊘ **Spielen Sie die Rolle** *(Sample responses:) Ich habe Halsschmerzen. | Etwa drei Tage, aber es wird immer schlimmer. | Ich bin Lehrer(in). | Ja, aber was soll ich tun? | Ja, nächste Woche fliege ich nach Florida. | Gut. Vielen Dank. |*

Mehr Übungen ...

1 Na, wie geht's? Dieses Jahr sind wir nicht **nach** Indien geflogen oder **in** die Berge gefahren. Nein, wir haben Urlaub **an** der Ostsee gemacht, **auf** der Insel Rügen. Rügen liegt im Nordosten von Deutschland. Das Wetter war gut, wir sind viel **in** der Ostsee geschwommen. Außerdem haben wir einen Ausflug **nach** Berlin gemacht. Dort war es natürlich auch sehr interessant. So viel hat sich verändert. Wir sind **ins** Jüdische Museum gegangen und waren auch **im** Reichstag.

3 a) Richtig; b) Falsch; c) Richtig; d) Richtig; e) Falsch; f) Falsch.

4 a) In diesem Geschäft **kann** man Bücher und Schreibwaren kaufen.

b) Hier **kann** man Kaffee, Tee und Wein kaufen.

c) In dieser Straße **darf** man nur langsam fahren.

d) In dieser Stadt **kann** man sonntags um 10 Uhr in die Kirche gehen.

e) Werktags zwischen 7 und 19 Uhr **darf** man hier bis auf 60 Minuten parken.

f) Vor dieser Tür **darf** man nicht parken.

Lektion zwölf   Das Leben in Deutschland

2 Formell oder informell

informell	formell
Hallo, Bernd bist du es?	Ah, Frau Weber. Wie geht's?
Ist Inga da?	Sprecke ich mit Frau Schmidt?
	Ich möchte mit Herrn Klaus sprechen.
	Kann ich bitte mit Frau Groß sprechen?

3 ⊘ Telefonanrufe

	1	2	3
Sie ist beim Zahnarzt.		X	
Die Leitung ist besetzt.	X		
Er ist auf Geschäftsreise.			X
Soll sie zurückrufen?		X	
Wollen Sie warten?	X		
Wollen Sie eine Nachricht hinterlassen?			X
Er möchte mich morgen zurückrufen.			X
Ich bin zu Hause.		X	
Ich rufe später noch mal an.	X		

a) Sie telefoniert.
b) Sie ist beim Zahnarzt und kommt in einer Stunde wieder nach Hause.
c) Er ist auf Geschäftsreise (in Wien) und ist wahrscheinlich morgen wieder im Büro.
d) Sie möchte ihm ein (fantastisches) Geschenk geben.

4 Was passt zusammen? a) 3; b) 1; c) 5; d) 6; e) 2; f) 4.

5 Heißt es ihr, ihm oder ihnen?
   a) Ich sage es **ihm**. *(I'll tell him.)*
   b) Ich richte es **ihm** aus. *(I'll pass the message on to him.)*
   c) Soll ich **ihnen** eine Nachricht geben? *(Should I give them a message?)*
   d) Soll ich **ihr** etwas ausrichten? *(Should I pass on a message to her?)*
   e) Sag **ihr** bitte, ich bin um 5 Uhr da. *(Tell her, please, I'll be there at 5 o'clock.)*

6 ⊘ Frau Nadolny ist in einem Meeting.
   a) 5;   b) 1;   c) 2;   d) 7;   e) 4;   f) 6;   g) 3.

7 ⊘ Anrufbeantworter Guten Tag. **Hier** ist der telefonische Anrufbeantworter von Evelyn und Michael Schweighofer. Wir sind im Moment **leider** nicht da. Sie können uns aber gerne nach dem Pfeifton eine **Nachricht** hinterlassen. Bitte sagen Sie uns Ihren **Namen** und Ihre **Telefonnummer** und wir **rufen** Sie dann so schnell wie möglich **zurück**.

8 Wortspiel

1 APPARAT	7	ANSCHLUSS
2 ZURÜCKRUFEN	8	LEITUNG
3 PFEIFTON	9	NACHRICHT
4 VERBINDEN	10	NAMEN
5 BESETZT	11	AUSRICHTEN
6 HINTERLASSEN		

10 Richtig oder falsch?
   a) Falsch. Herr Frankenthal ist verheiratet. b) Richtig; c) Falsch. Er hat in Offenbach seinen Realschulabschluss gemacht. d) Richtig; e) Falsch. Seinen ersten Job hatte er bei der Dresdner Bank. f) Richtig; g) Richtig.

11 ⊘ Claudia Schulte
   a) 1978.
   b) Sie ist durch Asien gereist.
   c) Von 1999 bis 2008.

d) An der Universität Hamburg.
e) Vier Jahre.
f) Seit 2008.

12 Frau Schulte schreibt ihren Lebenslauf

Ich bin am **1. Juni 1978** in **Bremen** geboren. Von **1984** bis **1988** bin ich in die Grundschule in **Bremen** gegangen. Danach habe ich auf das Heinrich-Heine-Gymnasium gewechselt. 1997 habe ich mein Abitur gemacht. Nach der Schule bin ich **durch Asien** gereist.

Von **1998** bis **1999** habe ich ein Praktikum bei der „Hamburger Zeitung" gemacht. Anschließend habe ich Journalistik **an der Universität Hamburg** studiert und **2004** meinen Abschluss gemacht.

Nach dem Studium habe ich von **2004** bis **2008** bei **der** „Tageszeitung" in Berlin gearbeitet. 2008 bin ich wieder nach **Hamburg** gezogen und arbeite beim Nachrichtenmagazin „**Der Spiegel**".

13 Was passt zusammen?

a) in die Grundschule – gegangen
b) auf das Gymnasium – gewechselt
c) das Abitur – gemacht
d) Journalistik – studiert
e) in einer Bank – gearbeitet
f) durch Asien – gereist
g) in Bremen – geboren
h) nach Hamburg – gezogen

- **haben:** gewechselt, gemacht, studiert, gearbeitet.
- **sein:** gegangen, gereist, geboren, gezogen.

14 Welche Präpositionen fehlen?

a) Peter ist **in** Monte Carlo geboren.
b) Viele Leute sind **nach** Berlin gezogen.
c) Paulina hat **an** der Universität Boston studiert.
d) Herr Neuss arbeitet **bei** der Telekom.
e) **Nach** der Schule hat sie gleich studiert.
f) Er lebt **seit** drei Jahren mit seiner Freundin zusammen.

18 Dass

a) Ich meine, **dass** Frankfurt das Finanzzentrum von Deutschland **ist**.
b) Ich glaube, **dass** es in Wien viele alte Kaffeehäuser **gibt**.
c) Ich denke, **dass** München eine sehr schöne Stadt **ist**.
d) Ich glaube, **dass** die Schweizer viel Humor **haben**.
e) Ich denke, **dass** die Deutschen viel Bier **trinken**.
f) Ich meine, **dass** Deutschland ein sehr interessantes Land **ist**.

19 Können Sie dass **benutzen**? Ich denke / Wir denken *or* Ich glaube / Wir glauben, **dass** . . .

a) . . . Österreich größer als die Schweiz ist.
b) . . . Bern die Hauptstadt der Schweiz ist.
c) . . . es vier offizielle Sprachen in der Schweiz gibt: Französisch, Italienisch, Räteromanisch und Deutsch.
d) . . . die wichtigsten Städte in Österreich Wien, Linz, Graz, Innsbruck und Salzburg sind.
e) . . . Mozart in Salzburg geboren ist.
f) . . . die Bundesrepublik Deutschland 82,4 Millionen Einwohner hat.
g) . . . Berlin die Hauptstadt der Bundesrepublik ist.
h) . . . Hamburg größer als München ist.
i) . . . das Oktoberfest im September stattfindet.
j) . . . Frankfurt am Main am multikulturellsten ist.

20 Haben Sie es gewusst?

SCHWEIZ	ÖSTERREICH	DEUTSCHLAND
• Uhren	• Sigmund-Freud-Haus	• Biergärten
• Arzneimittel	• Mozart-Kugeln	• Wiedervereinigung
• vier Sprachen	• Schloss Schönbrunn	• 82,4 Millionen Einwohner
• 7,5 Millionen Einwohner	• etwa doppelt so groß wie die Schweiz	• Oktoberfest
	• 8,3 Millionen Einwohner	• viele Leute aus der Türkei
		• neue Hauptstadt
		• multikulturelle Gesellschaft

21 Finden Sie die Zahlen
a) Fläche der Bundesrepublik Deutschland: **356,974 km²**.
b) Fläche von Österreich: **83,853 km²**.
c) Fläche der Schweiz: **41,293 km²**.
d) Einwohnerzahl von Deutschland: **82,4 Millionen**.
e) Einwohnerzahl von Österreich: **8,3 Millionen**.
f) Einwohnerzahl der Schweiz: **7,5 Millionen**.
g) Deutsche Wiedervereinigung: **1990**.
h) Seit wann Berlin Haupstadt ist: **3.10.1990**.
i) Ausländeranteil in Frankfurt: **27%**.

23 Wer sagt was über Deutsch?

	Fahid	Netsehet	Peter	Abigail
Sprechen ist einfacher als Schreiben.	X	X		
Trennbare Verben („abfahren", „mitkommen") sind ein Problem.			X	
Adjektivendungen sind schwer.				X
Die Großschreibung ist schwierig.		X		
Die Artikel (der, die, das) sind kompliziert.	X			X
Wenn man Englisch spricht, ist Deutsch ziemlich einfach.			X	
Man kann Deutsch schnell lernen.	X			

24 *(These are only sample answers:)*
a) Er sagt, dass sie sehr nett sind.
b) Sie findet, dass die Großschreibung schwierig ist.
c) Er sagt, dass er sie nicht mag.
d) Er glaubt, dass Deutsch nicht so schwer ist, wenn man Englisch spricht.
e) Sie meint, dass die Adjektivendungen schwer sind.
f) Sie sagt, dass sie viel Spaß mit den anderen Studenten hat.

Mehr Übungen ...

1 a) 1; b) 1; c) 2; d) 1.

2 a) Sagen Sie ihm bitte, dass ich angerufen habe.
   b) ..., dass ich heute Nachmittag an meinem Schreibtisch bin.
   c) ..., dass er zurückrufen soll.
   d) ..., dass ich heute Abend mit ihm essen gehen möchte.
   e) ..., dass er seine Freundin mitbringen soll.
   f) ..., dass wir nachher ins Wellnesscenter gehen wollen.

3 b) Dr. Peters ist **auf** Geschäftsreise.
   c) Am Montag ist er **in** Berlin.
   d) Doris liegt **im** Bett.
   e) Paul war drei Wochen **auf** Mallorca.
   f) Sie waren zwei Stunden **in** einem Meeting.
   g) Frau Krull ist **beim** Zahnarzt.

Audio transcripts

This section contains transcripts for those audio activities for which no text appears in the main book.

Lektion eins   Guten Tag!

Übung 6. Ein Unfall. *An accident.*

Polizist	Wie heißen Sie, bitte?
Ältere Dame	Ich heiße Emma Klein.
Polizist	Klein, Emma. Und Sie? Wie ist Ihr Name?
Fahrer	Mein Name ist Schwarz, Martin Schwarz.
Polizist	Schwarz, Martin. Und du? Wie heißt du?
Junge	Ich heiße Sander Schmidt.
Polizist	Schmidt, Sander.

Übung 9. Grüße im Radio und Fernsehen. *Greetings on radio and TV.*
Guten Abend, meine Damen und Herren . . .
Radio Bayern. Guten Morgen, liebe Zuhörer . . .
Hallo, schönen guten Morgen . . .
Gute Nacht, liebe Zuhörer . . .
Guten Tag. Hier ist die Tagesschau . . .
Unser Programm geht jetzt zu Ende. Wir wünschen Ihnen eine gute Nacht.

Übung 12. Fußballbundesliga. *Federal German soccer league.*
Und hier sind alle Ergebnisse vom 12. Spieltag:
1. FC Kaiserslautern – Hamburger SV: 2 zu 1
SC Freiburg – VFL Bochum: 1 zu 1
Borussia Dortmund – Bayern München: 2 zu 2
Arminia Bielefeld – FSV Mainz 05: 1 zu 1
Bayer Leverkusen – 1. FC Nürnberg: 2 zu 2
Hertha BSC Berlin – VFB Stuttgart: 0 zu 0
Hansa Rostock – VFL Wolfsburg: 1 zu 2
Schalke 04 – Bor. Mönchengladbach: 3 zu 2
Werder Bremen – Hannover 96: 3 zu 0

Übung 14. Wer ist da? *Who has arrived?*
Guten Tag! Wie heißen Sie, bitte?
Krischer, Markus.
Wie schreibt man das?
K-R-I-S-C-H-E-R.
Ja, gut. Sie stehen auf der Liste.
Guten Tag! Mein Name ist Retzlaff, Bettina Retzlaff.
Und wie buchstabiert man Retzlaff?
R-E-T-Z-L-A-F-F.
Ja, Sie sind auch auf der Liste.
Hallo! Mein Name ist Walz: W-A-L-Z.
Danke. Ja, hier ist Ihr Name.
Und ich heiße Schidelowskaja S-C-H-I-D-E...
Ist schon gut! Sie sind auch dabei, Frau Schidelowskaja!

Übung 15. Welche Firmennamen hören Sie?
Und nun der Bericht von der Börse aus Frankfurt. Es war ein guter
Tag für die AEG, plus 9 Punkte. Von der Autoindustrie ist Positives
zu vermelden: BMW legte um 3 Prozent zu, und auch VW meldete
ein leichtes Plus. Dagegen ein schlechter Tag für die Banken:
Deutsche Bank minus 5 Prozent, die DZ Bank minus 7, die
Dresdner sogar minus 9. Nichts Neues von der Bahn: die DB
meldete plus minus 0.

Lektion zwei   Sprechen Sie Deutsch?

Übung 3. Im Café.
Guten Tag, Helga!
Tag, Jutta! Und wie geht's dir?
Na ja ... Mir geht's heute nicht so gut.
Das tut mir aber leid.
Und dir? Wie geht's dir denn?
Mir geht's wirklich sehr gut ... O, da kommt Dagmar!
Tag, Dagmar!
Tag, Helga! Tag, Jutta!
Und wie geht's heute?
Ach, es geht.

Übung 13. Die Lottozahlen.
Und hier die Lottozahlen: 4, 7, 25, 27, 32 und 36.
Zusatzzahl ist die 8.
Ich wiederhole 4, 7, 25, 27, 32, 36. Die Zusatzzahl ist die 8.
In the „Lotterie Super 6" and the „Spiel 77" you will have two more chances to win.
Die Gewinnzahlen für das Spiel Super 6 lauten: 3 8 3 7 1 8.
Beim Spiel 77 fielen die Gewinnzahlen auf die Nummern: 0 3 8 8 6 3 0.
Diese Angaben sind wie immer ohne Gewähr.

Übung 15. Anrufe bei der Auskunft.
Guten Tag. Ich hätte gern die Telefonnummer von Berta Schulz in Hamburg.
Schulz? Wie schreibt man das bitte?
S-C-H-U-L-Z.
Vorname Berta?
Ja, richtig.
Wohnort?
Hamburg.
Die Nummer ist 040 – 30 07 51.

Hallo. Ich brauche die Nummer von Günter Marhenke hier in Hamburg.
Marhenke? Wie buchstabiert man das?
M-A-R-H-E-N-K-E.
Können Sie das wiederholen?
Ja, kein Problem: M-A-R-H-E-N-K-E.
Die Nummer ist 040 – 73 45 92.

Guten Abend. Maria Peters hier. Ich brauche die Telefonnummer von Hubert Maier in Berlin bitte.
Maier mit A-I oder mit E-I?
Maier mit A-I, also M-A-I-E-R.
Die Nummer ist 0 30 2 79 50 09.

Guten Tag. Ich hätte gern die Nummer von Matthias Ötken hier in Hamburg.
Ötken? Können Sie den Namen bitte buchstabieren?

O umlaut, T-K-E-N, Matthias.
Also, O Umlaut, T-K-E-N.
Ja, genau.
Die Nummer ist 040 65 28 74.

Übung 19. Was ist hier falsch?
Guten Abend! Mein Name ist Gerhard Langer und ich bin
Deutscher. Ich komme aus Dresden, aber ich wohne jetzt hier in
Köln. Ich spreche Deutsch und ich kann auch sehr gut Französisch.
Ich bin ledig und ich arbeite in Aachen.

Lektion drei   Arbeit und Studium.

Übung 10. Hermann Hümmer aus Dresden lernt Bernd Brückner
aus Coventry kennen.
Hermann   Willkommen in Dresden! Mein Name ist Hermann
           Hümmer. Können Sie vielleicht Deutsch?
Bernd   Guten Tag! Ja, ich spreche Deutsch. Ich heiße Bernd
           Brückner.
Hermann   Das ist ja großartig! Sind Sie denn Deutscher?
Bernd   Ja, aber meine Frau ist Engländerin, und ich wohne seit
           8 Jahren in England.
Hermann   Ach so. Und was sind Sie von Beruf?
Bernd   Ich bin Tischler.

Übung 14. Was studieren sie?
Heike   Hallo! Ich heiße Heike und das ist Martina. Wie heißt ihr?
Paul   Hallo! Ich heiße Paul und komme aus Bremen.
Daniel   Grüß euch! Ich bin der Daniel und komme aus Hamburg.
           Und woher kommt ihr?
Heike   Ich komme aus Düsseldorf und Martina kommt aus Köln.
           Seid ihr Studenten?
Paul   Ja, wir studieren in Bremen. Ich studiere Germanistik.
Daniel   Und ich Anglistik. Ihr seid wohl auch Studenten?
Heike   Ja, in Aachen. Ich studiere Informatik und Martina
           studiert Mathematik.

Lektion vier   Familie und Freizeit

Übung 17. Frau Hochstädter und Herr Gunesay sprechen über ihre Familie.

Herr Gunesay	Haben Sie eigentlich Geschwister, Frau Hochstädter?
Frau Hochstädter	Ja freilich. Den Richard und die Johanna.
Herr Gunesay	Und die wohnen noch in Österreich?
Frau Hochstädter	Ja, genau. Beide wohnen dort. Und sie arbeiten beide bei der Post. Und wie ist das bei Ihnen? Sie haben doch sicherlich eine große Familie?
Herr Gunesay	Na, so groß auch nicht. Ich habe noch einen Bruder und eine Schwester. Und die wohnen auch hier. Aber meine Großeltern, meine Onkel und Tanten sind fast alle noch in der Türkei.
Frau Hochstädter	Und Ihre Eltern?
Herr Gunesay	Die wohnen in Hamburg und haben hier einen Kiosk. Der geht sehr gut.
Frau Hochstädter	Und was machen Ihre Geschwister?
Herr Gunesay	Die studieren beide an der Universität.

Lektion fünf   Essen und Einkaufen

Übung 15. Carola und Kerstin sind durstig.

Kerstin	Oh, ich bin durstig. Was möchtest du trinken, Carola?
Carola	Ich glaube, ich nehme ein Mineralwasser und einen Kaffee – oder vielleicht ein Eis.
Kerstin	Ah, ein Eis hat zu viele Kalorien.
Carola	Und du?
Kerstin	Ich nehme einen Orangensaft mit Wodka.
Carola	Mit Wodka?
Kerstin	Ja, mit Wodka. Hallo, wir möchten bestellen.
Kellner	Guten Tag. Was bekommen Sie, bitte?
Carola	Ich möchte ein Mineralwasser und einen Kaffee, bitte.
Kellner	Eine Tasse oder ein Kännchen?
Carola	Eine Tasse bitte.
Kellner	Und was bekommen Sie?
Kerstin	Ich möchte einen Orangensaft mit Wodka.

Kellner	Mit Eis oder ohne?
Kerstin	Ohne bitte.
Kellner	Möchten Sie auch etwas essen?
Kerstin	Nein danke, vielleicht später.

Lektion sechs   Uhrzeiten und Verabredungen.

Übung 4. Haben Sie ein Zimmer frei?

Dialog 1

Herr Muth	Guten Tag. Haben Sie ein Zimmer frei?
Empfangsdame	Ja, ein Einzelzimmer oder ein Doppelzimmer?
Herr Muth	Ich möchte ein Einzelzimmer für eine Person, bitte.
Empfangsdame	Und für wie lange?
Herr Muth	Für vier Nächte.
Empfangsdame	Für vier Nächte. Also von heute, Dienstag bis Freitag?
Herr Muth	Ja. Von Dienstag bis Freitag.
Empfangsdame	Möchten Sie ein Zimmer mit Bad oder mit Dusche?
Herr Muth	Mit Bad, bitte.
Empfangsdame	Da hätte ich Zimmer Nr. 263 zu 59 Euro.
Herr Muth	Das geht in Ordnung. Ich nehme das Zimmer.
Empfangsdame	So. Hier ist der Schlüssel. Bitte tragen Sie sich ein.
Herr Muth	Danke schön.

Dialog 2

Frau Pestalozzi	Guten Abend. Haben Sie ein Doppelzimmer für eine Nacht?
Empfangschef	Moment bitte, ich schaue mal nach. Ja, Zimmer 27 im zweiten Stock ist noch frei. Es hat aber nur eine Dusche.
Frau Pestalozzi	Das ist schon gut.
Empfangschef	Und Ihr Mann – wartet er draußen im Auto?
Frau Pestalozzi	Ach nein, ich habe keinen Mann dabei! Ich bin allein. Aber Einzelzimmer sind für mich immer zu klein.

Empfangschef	Gut, Zimmer 27 im zweiten Stock. 128 Euro pro Nacht. Hier ist Ihr Schlüssel.
Frau Pestalozzi	Danke schön.
Empfangschef	Würden Sie sich bitte nachher eintragen.

Dialog 3

Frau Renner	Guten Tag. Haben Sie zwei Doppelzimmer frei?
Empfangsdame	Es kommt darauf an. Für wie lange und für wie viele Personen?
Frau Renner	Für fünf Nächte und für vier Personen.
Empfangsdame	Also von heute, Sonntag, bis Donnerstag für vier Personen?
Frau Renner	Ja.
Empfangsdame	. . . Da hätten wir Zimmer 13 im ersten Stock und Zimmer 34 im dritten Stock. Zimmer 13 hat eine Dusche und Zimmer 34 hat ein Bad. Geht das?
Frau Renner	Ja. Und was kosten die Zimmer?
Empfangsdame	110 Euro pro Zimmer mit Frühstück.
Frau Renner	Gut, dann nehme ich die beiden Zimmer.

Übung 5. Was sagt der Gast?

Sie	Guten Tag. Haben Sie ein Zimmer frei?
Empfangsdame	Ein Einzelzimmer oder ein Doppelzimmer?
Sie	Ein Doppelzimmer, bitte.
Empfangsdame	Und für wie viele Nächte?
Sie	Für drei Nächte.
Empfangsdame	Möchten Sie ein Zimmer mit Bad oder Dusche?
Sie	Mit Bad, bitte.
Empfangsdame	Gut, Zimmer 14. Bitte tragen Sie sich hier ein.
Sie	Um wie viel Uhr gibt es Frühstück?
Empfangsdame	Zwischen sieben Uhr und neun Uhr. Ich wünsche Ihnen einen angenehmen Aufenthalt.

Übung 10. Übung 11. Wie spät ist es?

Dialog a

– Es ist *Viertel nach zwei*. Hier ist die Schlager-Parade von Radio Frankfurt. Wir fangen an . . .

Dialog b
– Mmh. Das riecht ja gut. Ist es fertig?
– Ja, gleich. Wie spät ist es denn?
– Kurz *vor halb sieben.*

Dialog c
– Oh! Es ist schon *zwanzig vor acht.* Ich komme zu spät zu meiner
   Englischklasse.

Dialog d
– Egon. Aufstehen. Es ist schon zehn vor neun.
– Was? *Zehn vor neun.* Nein.
– Doch, doch. Aufstehen.

Dialog e
– Entschuldigung, Birgit. Weißt du, wie spät es ist?
– Ja, *halb fünf.*

Dialog f
– Entschuldigungen Sie, bitte. Wie viel Uhr ist es?
– Es ist *fünf nach acht.*
– Danke schön.
– Bitte.

Übung 17. Radio- und Fernsehprogramme.
a) Es ist 20 Uhr. Hier ist das Erste Deutsche Fernsehen mit der
   Tagesschau.
b) Radio Bremen. Sie hörten die Nachrichten. Es ist 14 Uhr drei.
   Und jetzt der Wetterbericht . . .
c) Beim Gongschlag war es 13 Uhr. Hier ist die Deutsche Welle mit
   den Nachrichten.
d) Sieben Uhr 57. Und jetzt die Verkehrslage auf Deutschlands
   Straßen . . .
e) Das war das Aachener Nachrichtenmagazin. Es ist jetzt
   15 Uhr 44.
f) RTL Radio-Shop. Es ist 17 Uhr und drei Minuten.

Übung 20. Was macht Herr Fablione?

Renate	Herr, Fablione, Sie arbeiten als Automechaniker in einer Autowerkstatt. Wie sieht denn ein typischer Tag bei Ihnen aus?
Herr Fablione	Nun, normalerweise stehe ich früh auf, so gegen halb sieben. Oft kaufe ich morgens frische Brötchen und frühstücke mit meiner Frau und den Kindern.
Renate	Wann fängt denn Ihre Arbeit an?
Herr Fablione	Um acht. Das heißt, dass ich normalerweise um 20 Minuten vor acht aus dem Haus gehe.
Renate	Wie lange arbeiten Sie denn?
Herr Fablione	Bis 16 Uhr.
Renate	Und haben Sie eine Pause?
Herr Fablione	Nun, Mittagspause machen wir um 12 Uhr. Meistens 45 Minuten.
Renate	So, Feierabend ist gegen vier. Was machen Sie denn dann?
Herr Fablione	Tja, ich fahre nach Hause und spiele oft mit den Kindern. Manchmal gehen wir in den Park oder spielen Fußball, manchmal in den Zoo.
Renate	Und wann essen Sie zu Abend?
Herr Fablione	Meistens um halb sieben. Danach bringen wir dann die Kinder ins Bett. Die schlafen dann hoffentlich so gegen halb acht, acht Uhr.
Renate	Bleiben Sie zu Hause oder gehen Sie oft aus?
Herr Fablione	Oft bleiben wir zu Hause. Wir sehen nicht viel fern, wir lesen viel und meine Frau und ich lernen im Moment auch zusammen Spanisch. Ein- oder zweimal in der Woche kommt meine Schwiegermutter als Babysitterin und passt auf die Kinder auf. Dann gehen meine Frau und ich aus, ins Kino oder ins Restaurant oder wir besuchen Freunde.
Renate	Und wann gehen Sie normalerweise ins Bett?
Herr Fablione	Meistens um halb 12, manchmal erst später.

Übung 29. Was müssen die Personen machen? Was möchten sie machen?

Person 1
Schon halb sieben. Und ich bin immer noch nicht fertig. Alle
meine Freunde gehen in die Kneipe und ich muss lernen. Diese
doofe Englischprüfung. Warum ist Englisch nur so schwer?

Person 2
– Guten Tag, Herr Müller? Wie geht es Ihnen?
– Danke gut. Und Ihnen?
– Auch gut. Herr Müller, wir haben noch eine Karte für die Oper
  nächsten Montag? Können Sie mitkommen?
– Oh, das ist schade. Ich möchte sehr gern, aber ich muss nach
  München fahren, geschäftlich. Das ist wirklich sehr schade.

Person 3
Es ist so schönes Wetter und ich möchte gerne in den Park gehen
und lesen. Aber, na ja, es ist erst halb drei und ich muss noch zwei
Stunden arbeiten.

Person 4
Puh, jetzt jogge ich schon 10 Minuten, aber mein Arzt sagt, ich
muss jeden Tag eine halbe Stunde laufen. Jogging, schrecklich. Ich
möchte jetzt lieber Pause machen und einen Hamburger essen und
eine Cola trinken.

Lektion sieben   Alltag in der Stadt

Übung 4. Herr Fuhrmann kauft ein. Hören Sie zu und notieren
Sie, wo er ist und was er macht.

Dialog 1

Herr Fuhrmann	Guten Tag.
Verkäuferin	Guten Tag. Was bekommen Sie, bitte?
Herr Fuhrmann	Ich suche eine kleine Digitalkamera, aber nicht zu teuer.
Verkäuferin	Ich habe hier gerade eine sehr gute digitale Kamera, eine Leica, im Angebot.
Herr Fuhrmann	Mmh, ja, die Kamera sieht sehr gut aus. Kann ich

	sie 'mal ausprobieren?
Verkäuferin	Aber natürlich – kein Problem. Bitte schön.
Herr Fuhrmann	Ja, doch, die Kamera gefällt mir. Was kostet sie denn?
Verkäuferin	149 Euro.
Herr Fuhrmann	Tja, nicht so billig, aber nun gut, ich nehme die Kamera.

Dialog 2

Verkäuferin	Kann ich Ihnen helfen?
Herr Fuhrmann	Ja, vielleicht. Ich suche einen Reiseführer über Schottland. Haben Sie einen?
Verkäuferin	Ja, sicher! Auf Englisch oder auf Deutsch?
Herr Fuhrmann	Ich denke, auf Deutsch.
Verkäuferin	Hier haben wir zum Beispiel Baedekers Reiseführer oder Anders Reisen.
Herr Fuhrmann	Ach ja, Ich denke, ich nehme beide Bücher.
Verkäuferin	Also, zwei Reisebücher. Das macht zusammen 27,50 Euro.

Dialog 3

Verkäufer	Guten Tag, mein Herr. Was suchen Sie, bitte?
Herr Fuhrmann	Haben Sie einen Adapter für Großbritannien?
Verkäufer	Tja, da muss ich mal schauen ... Ja, wir haben noch einen, unseren letzten. Da haben Sie aber Glück.
Herr Fuhrmann	Wunderbar – den nehme ich dann.

Dialog 4

Herr Fuhrmann	Entschuldigen Sie, bitte. Wo find' ich CD's?
Verkäufer	Im dritten Stock.
Herr Fuhrmann	Danke.
Herr Fuhrmann	Guten Tag. Haben Sie die neuste CD von Vanessa Mae?
Verkäuferin	Ja, einen kleinen Moment, bitte. So, hier ist sie.
Herr Fuhrmann	Danke schön. Und wo kann ich zahlen?
Verkäuferin	Die Kasse ist dort drüben.

Dialog 5

Herr Fuhrmann	Guten Tag. Ich möchte Geld wechseln.
Bankangestellte	Was brauchen Sie denn?
Herr Fuhrmann	Ich brauche britische Pfund.
Bankangestellte	Und wieviel möchten Sie wechseln?
Herr Fuhrmann	200 Euro.
Bankangestellte	Ja, kein Problem. Einen Moment ... Hier sind Ihre Pfund und ich wünsche Ihnen eine gute Reise.
Herr Fuhrmann	Vielen Dank.

Dialog 6

Herr Fuhrmann	Bekomme ich in dieser Abteilung einen Regenschirm?
Verkäufer	Nein. Regenschirme sind im vierten Stock.
Herr Fuhrmann	Oh. Das ist mir jetzt zu weit. Ich habe keine Zeit mehr. Es wird sowieso in Schottland wahrscheinlich nicht regnen. Einen Regenschirm werd' ich also nicht kaufen.

Übung 13. Was macht Anke? Anke ist Studentin.

Ich bin die Anke, und ich studiere in Jena. Ich stehe um sieben oder um acht auf. Und die Vorlesungen und Seminare fangen um acht oder um neun oder auch später an. Manchmal sind sie am Vormittag und manchmal am Nachmittag. Ich fahre meistens mit dem Fahrrad zur Uni, weil ich ganz in der Nähe vom Zentrum wohne. Oder wenn das Wetter schlecht ist, fahre ich auch mit dem Bus. In der Bibliothek sitze ich recht selten. Und Mittag esse ich manchmal in der Mensa. Einkaufen gehe ich auf dem Nachhauseweg, da es auf meinem Weg einen kleinen Laden gibt. Abendbrot esse ich so um sieben oder um acht. Da ich keinen Fernseher habe, sehe ich auch nicht fern, sondern ich lese lieber oder gehe ins Kino, zusammen mit Freunden. Ich besuche sehr gerne Freunde, um einen Tee zu trinken und zu schwatzen. Sehr selten gehe ich auch in die Disco, und von Zeit zu Zeit besuche ich meine Mutter und meine Großeltern, die in einer Stadt etwas entfernt von Jena wohnen.

Lektion acht   Was haben Sie gemacht?

Übung 5. Es ist Sonntagmorgen. Was hat Ulrike gemacht? Was hat Angela gemacht?

Angela	Hallo, Ulrike. Na, wie geht's?
Ulrike	Ganz gut, ich bin noch ein bisschen müde.
Angela	Oh, habe ich dich geweckt?
Ulrike	Nein, nein, ich habe gerade gefrühstückt.
Angela	Gerade gefrühstückt? Was hast du denn gestern gemacht?
Ulrike	Tja, das war ein langer Tag. Am Morgen war ich in der Stadt und habe eingekauft. Am Nachmittag habe ich Britta und Georg besucht. Abends waren wir dann zusammen in der neuen „Mondschein-Bar" und haben bis 3 Uhr getanzt. Ein DJ aus New York hat Musik gemacht und die Platten aufgelegt. Wir haben viel Spaß gehabt. Und du?
Angela	Ich habe gestern Morgen einen neuen Computer gekauft und na ja, dann den ganzen Tag mit dem Computer gespielt.
Ulrike	Hast du auf dem Internet gesurft?
Angela	Genau, das war schon interessant.
Ulrike	Und wie viel hast du für den Computer bezahlt?
Angela	1800 Euro. Er hat 200 Euro weniger gekostet.
Ulrike	Und was habt ihr abends gemacht?
Angela	Ich war ein bisschen müde. Bernd und ich haben schön gekocht und dann noch ein bisschen klassische Musik gehört. Ganz romantisch, bei Kerzenschein und so. Wie früher, weißt du. Was machst du denn heute, Ulrike?
Ulrike	Tja, ich weiß noch nicht so genau. Vielleicht können wir ja . . . *(fading out)*

Übung 18. Mehr über Peter Wichtig . . .

Moderator	Herr Wichtig, vielen Dank, dass Sie zu uns ins Studio kommen konnten, ich weiß, Sie sind sehr busy im Moment.
Peter Wichtig	Ja, das stimmt. Wir bereiten eine neue Tournee vor und wir haben gerade eine neue CD auf dem Markt.
Moderator	Ja, bevor wir ihren neuen Song spielen, Herr Wichtig, ein paar Fragen zu Ihrer Person. Wie lange

	machen Sie denn schon Musik?
Peter Wichtig	Seit zehn Jahren genau. Meinen ersten Song habe ich genau vor 10 Jahren geschrieben. Das war auch mein erster Hit: *Um acht Uhr aus dem Bett, das finde ich nicht nett.* Wir haben 400.000 CDs verkauft.
Moderator	Und wie viele CDs haben Sie insgesamt gemacht?
Peter Wichtig	Insgesamt zehn. Jedes Jahr eine, das ist nicht schlecht, oder?
Moderator	Schreiben Sie alle Lieder selber?
Peter Wichtig	Ja, ich komponiere die Musik und schreibe auch die Texte, klar.
Moderator	Sie sind ein Allround-Mensch, Herr Wichtig, schreiben und komponieren, geben viele Interviews, gehen zweimal im Jahr auf Tournee, haben Sie denn überhaupt Freizeit?
Peter Wichtig	Wenig, wenig.
Moderator	Und wenn, was machen Sie dann?
Peter Wichtig	Im Winter fahre ich gern Ski. Mein Lieblingsort ist nicht weit von hier, Kitzbühel. Und im Sommer, nun ich surfe, spiele Tennis – ich bin ein guter Freund von Boris – oder spiele Golf. Und dann die vielen Partys, New York, Berlin, Nairobi, Los Angeles, Monte Carlo . . . Und die vielen Freunde, die ich sehen muss: Robert de Niro, Michelle Pfeiffer, meinen Kollegen Mick Jagger, Claudia Schiffer, Franz Beckenbauer . . .
Moderator	Herr Wichtig, ich muss Sie leider unterbrechen, aber wir müssen im Programm weitermachen.
	Hier ist also die neuste Single von Peter Wichtig: *Dich kann man vergessen* – pardon – *Ich kann dich nicht vergessen.*

Übung 22. Klassentreffen. Vor 25 Jahren sind sie zusammen in die Schule gegangen und jetzt treffen sie sich und reden über die alten Zeiten. Was haben die Leute früher gemacht?

Juliane	Hallo, Dieter, na 25 Jahre ist das her. Kaum zu glauben.
Dieter	Tja, 25 Jahre, und du hast immer noch so schöne schwarze Haare Juliane. Genau wie früher. Einfach

fantastisch. Ich dagegen, na, ich habe keine Haare mehr. Dabei habe ich früher diese wunderbaren langen Haare gehabt, weißt du noch, wie ihr mich alle Tarzan genannt habt? Ach.

Juliane   Na komm, Dieter, dafür bist du jetzt charmant wie Yul Brynner, von deinem Charme hast du doch nichts verloren.

Dieter   Na, wenn du das sagst, Juliane. Aber sag mal, du hast doch früher immer so viel Kräutertee getrunken. Machst du das immer noch?

Juliane   Kräutertee? Oh, ja das ist schon lange vorbei. Ich trinke jetzt manchmal gern Gin Tonic, weißt du, das soll ja gut für die Gesundheit sein, die Queen Mother ist ja schließlich auch ziemlich alt geworden. Und du? Ich erinnere mich noch, dass du früher ein großer Fan von Rum und Cola gewesen bist.

Dieter   Auf unseren Partys früher ja, Rum mit Cola – das war manchmal ganz schön wild. Aber na ja, mein Arzt hat mir gesagt, ich soll nicht so viel Alkohol trinken. Jetzt trinke ich eben viel Wasser und manchmal ein gutes Glas Rotwein.
Hörst du eigentlich immer noch so gern Amerikanische Folkmusik wie früher? Du warst doch ein Riesenfan von Joan Baez und Bob Dylan?

Juliane   Folkmusik? Ja, die habe ich früher oft gehört. Aber jetzt höre ich lieber moderne Musik. Ich habe eine ältere Tochter und die zeigt mir immer, was gerade so in ist. Du hast doch damals viel Bluesmusik gehört und alle Platten von Eric Clapton gehabt, oder?

Dieter   Ja, Clapton forever, haha. Nein Clapton höre ich noch manchmal, aber ich bin wirklich ein Klassik-Fan geworden, vor allem Beethoven. Und ich gehe auch oft ins Konzert.

Juliane   Dann machst du auch bestimmt keine Musik mehr, oder? Du hast doch früher in einer Band gespielt, Gitarre, glaube ich?

Dieter   Ja, unsere Band war gar nicht schlecht. Aber das ist schon lange vorbei. Jetzt gehe ich oft ins Konzert und ich spiele

	Tennis in meiner Freizeit. Ich bereite mich auf Wimbledon vor. Haha. ... Wie ist denn das bei dir? Du siehst ziemlich fit aus.
Juliane	Danke, Dieter. Du weißt ja, das ich schon immer viel Sport gemacht habe. Früher bin ich viel geschwommen. Heute gehe ich fast jedes Wochenende zum Windsurfen. Außerdem reise ich sehr gern. Letztes Wochenende war ich gerade in Moskau ... Aber guck mal, da ist ist ja Gerd.
Dieter	Hallo Gerd, na, wie geht's ... (*fading out*)

Lektion neun Ich wohne lieber in der Stadt

Übung 11. Herr und Frau Martinis neue Wohnung. Herr und Frau Martini haben sehr lange eine neue Wohnung gesucht und endlich eine schöne Wohnung gefunden. Frau Martini spricht mit einer Freundin. Was sagt sie?

Marlies	Hallo, Susanne.
Susanne	Hallo, Marlies. Na, wie geht's denn in der neuen Wohnung?
Marlies	Gut. Tja, sie ist wirklich sehr schön. Aber wir haben ja auch lange genug gesucht.
Susanne	Ein Viertel Jahr, oder?
Marlies	Ein Viertel Jahr? Am Ende fast sechs Monate. Das war ganz schöner Stress.
Susanne	Wie groß ist die Wohnung denn?
Marlies	Wir haben vier Zimmer, Küche und Bad. Die Küche ist fantastisch, sehr groß, da können wir gut kochen.
Susanne	Und wie hoch ist die Miete?
Marlies	Relativ preiswert: 510,- Euro.
Susanne	Das klingt ja gut. Und sie liegt auch zentral, oder?
Marlies	Ja, ganz in der Nähe vom Stadtpark. Rainer kann zu Fuß zur Arbeit gehen und bis zur U-Bahn sind es nur 5 Minuten. Und das Abaton-Kino ist gleich um die Ecke.
Susanne	Na, das ist ja super. Und sag mal, habt ihr denn auch genug Möbel?
Marlies	Tja, wir können das meiste aus der alten Wohnung nehmen. Nur brauchen wir eine neue Waschmaschine, denn unsere alte ist kaputt. Und auch noch Regale für die

Küche. Vielleicht fahren wir am Wochenende mal zu Ikea.
Susanne   Und wann macht ihr denn eure Einweihungsparty?
Marlies   Mal sehen, vielleicht nächsten Monat.

Übung 15
Beispiel 1
– Wo wohnen Sie? In einem Haus oder in einer Wohnung?
– Ich wohne in einem Reihenhaus.
– Und wie viele Zimmer hat das Haus?
– Es hat 5 Zimmer, eine Küche und Bad.
– Wie sind die Zimmer?
– Die Zimmer sind meistens ziemlich klein. Aber das Wohnzimmer
  ist groß.
– Haben Sie einen Garten?
– Ja, ich habe auch einen kleinen Garten.
– Ist die Miete oder die Hypothek teuer?
– Die Hypothek ist nicht so teuer. Das Haus ist ja klein.
– Wie ist die Umgebung?
– Die Umgebung ist schön. Da gibt es den Stadtpark gleich in der
  Nähe.
– Haben Sie gute Verkehrsverbindungen?
– Ja, Bus, Bahn und U-Bahn sind alle gleich in der Nähe.
– Und wie lange fahren Sie zur Arbeit?
– Ich gehe zu Fuß zur Arbeit. In drei Minuten bin ich in meinem
  Büro.

Übung 16. Daniela redet über Mietpreise für Studentenwohnungen
in München und in Canterbury.
Ich hab' das große Glück, daß ich während meinem Studium noch
zu Hause wohnen kann, weil meine Eltern ganz in der Nähe von
München wohnen. Das ist natürlich wesentlich billiger, weil
München einfach von . . . weil München einfach sehr hohe
Mietpreise hat, und die sind halt sehr schwer zu bezahlen. (. . .) Es
gibt zwar relativ viele Wohngemeinschaften und so weiter aber,
wie gesagt, die Preise sind sehr hoch. Es gibt
Studentenwohnungen, aber die werden bevorzugt an Studenten
von auswärts vergeben und an Studenten, die eben nicht aus
München kommen. Außerdem sind diese Wohnungen nicht

besonders schön. Die sind sehr klein und inzwischen auch relativ veraltet, so dass ich eigentlich ganz froh bin zu Hause wohnen zu können. Hier in meiner Zeit in Canterbury wohn' ich in Park Wood und das ist ganz toll. (...) Unterkunft hier auf dem Campus ist auf jeden Fall billiger als in München. Ansonsten mit dem Essen kommt es ungefähr auf's gleiche raus. Es ist vielleicht ein bisschen teurer in München, aber nicht allzu sehr.

Lektion zehn   Ist Mode wichtig für Sie?

Übung 6. Frau Martens ist Verkäuferin in einem Kaufhaus. Was denkt sie über Mode?

Interviewer	... Und Sie Frau Martens. Sind Sie berufstätig?
Frau Martens	Ja, ich bin Verkäuferin in der Kaufhalle hier in Hanau. Ich arbeite seit sieben Jahren dort und finde meinen Beruf eigentlich ganz interessant.
Interviewer	Interessant, aber sicher auch anstrengend?
Frau Martens	Ich arbeite nur halbtags, von acht Uhr bis um 12.30 Uhr. Meine Arbeit ist also nicht besonders anstrengend. Meine drei Kinder kommen um eins nach Hause – dann wird's aber vielleicht anstrengend! Im Fernsehen sieht mein Sohn ein neues Computer-spiel – das muss er unbedingt haben! Die eine Tochter möchte neue Schuhe von Bruno Magli und die andere eine neue Jeansjacke von Calvin Klein. Mode ist für sie natürlich sehr wichtig.
Interviewer	Und für Sie? Ist Mode auch für Sie wichtig?
Frau Martens	Ich persönlich finde Mode uninteressant. Ich ziehe nur an, was ich mag. Auf der Arbeit muss ich zwar modische Sachen tragen – ich arbeite ja in der Mode-Abteilung.
Interviewer	Und wie sind im Allgemeinen die Kunden in Ihrer Abteilung?
Frau Martens	Wir haben meistens ganz nette Kunden. Nur selten sind sie unfreundlich. Also ich versuche dann immer besonders freundlich zu sein.

Übung 15. Was für Kleidung tragen die Leute? Richard Naumann stellt die Fragen.

Dialog 1 mit Mareike

Richard Was tragen Sie denn normalerweise für Kleidung auf der Arbeit?

Mareike Ich arbeite in einem Büro und die Atmosphäre ist sehr relaxed. Normalerweise trage ich eine bequeme Hose, meistens mit einer Bluse, wenn es kälter ist, mit einem Pulli.

Richard Und zu Hause?

Mareike Eigentlich dasselbe. Eine Hose, oft auch eine Jeans – auf der Arbeit trage ich kaum Jeans – T-Shirt, Pullover. Ich mag bequeme Sachen. Eigentlich trage ich alles, was bequem ist. Was ich aber nicht mag sind Röcke. Röcke ziehe ich fast überhaupt nicht an.

Dialog 2 mit Günther

Richard Herr Scholz, was tragen Sie denn normalerweise auf der Arbeit?

Günther Auf der Arbeit trage ich immer einen Anzug, meistens einen dunkelblauen. Dazu ein weißes Hemd und eine Krawatte.

Richard Und zu Hause?

Günther Zu Hause, nun, etwas Bequemeres, ein sportliches Hemd oder ein Poloshirt.

Richard Gibt es etwas, was Sie nicht gerne anziehen?

Günther Nun, wie gesagt, ich trage sehr gern sportliche Kleidung in meiner Freizeit, ich spiele auch Golf und Tennis, ich mag elegante Kleidung, was ich nicht mag ist bunte Kleidung, rote Hemden, Hawaii-Hemden, bunte Hosen und solche Sachen.

Dialog 3 mit Beate

Richard Beate, du bist Studentin im Moment. Was trägst du denn an der Uni?

Beate An der Uni meistens Jeans, wie die meisten Studenten oder auch moderne Hosen und dazu modische T-Shirts, ich mag T-Shirts aus Amerika oder London. Hier in der Nähe gibt es eine gute Boutique, da kann man die neusten Sachen kaufen.

Richard   Und jobbst du auch?

Beate   Ja, ich arbeite bei McDonald, da müssen wir natürlich eine Uniform tragen, ziemlich schrecklich, aber ich brauche das Geld.

Richard   Gibt es etwas, was du nicht magst, was du nicht gern anziehst?

Beate   Ja. Alles was langweilig ist. Ich finde es gut, wenn sich Leute individuell und interessant anziehen.

Übung 20 und 21. Was bringen wir der Familie mit?

Saskia   Was für ein Stress, jetzt müssen wir auch noch nach den Geschenken suchen. Wir haben mal wieder bis zum letzten Tag gewartet.

Sys   Na ja, New York ist eine sehr aufregende Stadt, weißt du. Wir hatten so viel zu tun! Jetzt müssen wir aber schnell Geschenke kaufen. Aber was?

Saskia   Wie wär's mit eine CD von Frank Sinatra für Mutti?

Sys   Gute Idee! Frank Sinatra ist ja Amerikaner, und Mutti war immer ein großer Fan von ihm.

Saskia   Und Vati? Was bringen wir ihm? Das ist doch schwierig, oder?

Sys   Vati sieht gern Baseballspiele im Fernsehen. Kaufen wir ihm eine Baseballmütze von den New York Yankees.

Saskia   Toll! Vati mit einer Baseballmütze – das möchte ich sehen!

Sys   Und Oma hat gesagt, sie möchte einen neuen Bademantel.

Saskia   Gut, dann schenken wir ihr einen Bademantel. Hoffentlich ist er aber nicht zu teuer.

Sys   Oh, Tante Heidi müssen wir Turnschuhe von Nike kaufen. Die hat mir das Geld dafür gegeben. Nike-Turnschuhe sind in Amerika viel billiger als in Europa.

Saskia   Und Onkel Georg sammelt U-Bahn-Pläne. Ihm können wir einen U-Bahn-Plan von New York mitbringen.

Sys   Ein komisches Geschenk, aber es wird ihm wohl gefallen.

Saskia   Das wär's also. Gehen wir schnell einkaufen. Und vergiss nicht deine Kreditkarte mitzunehmen!

Übung 27. Frau Martens sucht ein T-Shirt für ihren Enkelsohn.

Verkäufer	Kann ich Ihnen helfen?
Kundin	Ja, gerne. Ich suche ein T-Shirt für meinen Enkelsohn.
Verkäufer	Ja, wie alt ist er denn?
Kundin	Acht Jahre. Können Sie mir etwas empfehlen?
Verkäufer	Gefällt Ihnen dieses T-Shirt?
Kundin	Mmh, das ist ein bisschen langweilig. Haben Sie nicht etwas Modernes?
Verkäufer	Gefällt Ihnen das besser?
Kundin	Ja, das gefällt mir. Das ist besser.
Verkäufer	Na, das ist schön.
Kundin	Und was kostet es?
Verkäufer	19,95 Euro.
Kundin	Gut, das nehme ich dann.
Verkäufer	Ja, bitte zahlen Sie an der Kasse. Da vorne rechts.
Kundin	Vorne rechts. Aha. Vielen Dank.
Verkäufer	Auf Wiedersehen.
Kundin	Auf Wiedersehen.

Lektion elf   Urlaub, Wetter und Gesundheit

Übung 9. Was für Wetter hatten diese Leute im Urlaub?

Bärbel Specht Wir waren diesen Frühling auf Kreta. Das war fantastisch. Ich war einmal im Sommer dort, oh, das war nicht auszuhalten: über 40 Grad. Aber diesmal: meistens so um 28 Grad. Ideal. Und auch kein Regen. Jeden Tag Sonne und ein leichter Wind. Zum Windsurfen war das wirklich toll. Das kann ich nur jedem empfehlen. Kreta im Frühling: das ist ein Erlebnis.

Jutta Weiss Mein Traum war es immer, einmal nach Australien zu fahren und eine alte Schulfreundin von mir dort zu besuchen. Und letzten Dezember hat es endlich geklappt, da hatte ich Zeit und auch genug Geld. In Deutschland war Winter, minus 12 Grad, alle haben hier gefroren, und als ich in Sydney ankam, da war dort Sommer: über 35 Grad. Und Weihnachten haben wir im T-Shirt gefeiert, die machen dort Straßenpartys, unglaublich. Drei Wochen nur Sonne, nur manchmal hat es ein Gewitter gegeben. Aber – ganz ehrlich – mir war das manchmal einfach zu heiß.

Gerd Krönke   Dieses Jahr waren wir in Schottland und wir wollten wandern. Wir *wollten* wandern. Aber Schottland im Herbst? Es hat fast nur geregnet. Jeden Tag. Unser Reiseführer hat geschrieben, dass es im Juni besser ist, da regnet es kaum. Na ja, und richtig warm war es auch nicht: 20 bis 25 Grad, manchmal auch kälter. Und Nebel hatten wir auch. Doch eins muss ich sagen: Die Kneipen dort, die Pubs, wie sie auf Englisch heißen, die waren richtig gut. Und die Leute, die waren sehr freundlich und offen. Und hatten auch viel Humor. Also nächstes Jahr will ich wieder hinfahren – auch im Herbst.

Übung 11. Der Wetterbericht im Radio.
Nun die Wettervorhersage für Sonntag, den 25. Mai. Nachts kühlt es auf 8 bis 0 Grad ab. Tagsüber im Südosten 23, in den übrigen Gebieten 13 bis 20 Grad Celsius. Die weiteren Aussichten: Montag im Norden und Osten Wolken und Regen. Dienstag in ganz Deutschland Schauer. Am Mittwoch ab und zu sonnige Abschnitte, und nur noch im Osten Schauer.

Lektion zwölf   Das Leben in Deutschland

Übung 3. Telefonanrufe. Sie hören drei Telefongespräche.

Dialog 1: Herr Gieseke möchte Frau Dr. Martens sprechen.

Receptionist   Berchtesmeier und Company. Guten Tag. Was kann ich für Sie tun?

Herr Gieseke   Guten Tag. Gieseke von der Firma Krönke, Maschinenbau. Könnte ich bitte mit Frau Dr. Martens sprechen?

Receptionist   Einen Moment bitte, ich verbinde . . .
Herr Gieseke, es tut mir leid, aber Frau Dr. Martens telefoniert gerade. Die Leitung ist besetzt. Wollen Sie warten?

Herr Gieseke	Gieseke, mit i-e, nicht Giseke.
Receptionist	Oh. Entschuldigung, Herr Gieseke.
Herr Gieseke	Wie lange kann es denn dauern?
Receptionist	Ja, das ist schwer zu sagen. Soll ich Frau Dr. Martens vielleicht etwas ausrichten? Oder soll sie Sie zurückrufen?
Herr Gieseke	Nein, nein, nein. Das ist nicht nötig. Ich rufe später noch mal an. Auf Wiederhören.
Receptionist	Auf Wiederhören, Herr Giseke ...

Dialog 2: Nadine möchte ihre Freundin, Sandy, sprechen.

Nadine	Hallo, Frau Stoll, hier ist Nadine. Ist die Sandy da?
Frau Stoll	Hallo, Nadine. Na, wie geht's dir?
Nadine	Ganz gut, danke.
Frau Stoll	Das ist ja schön, Nadine. Aber leider ist die Sandy im Augenblick nicht da.
Nadine	Oh, das ist schade. Wo ist sie denn?
Frau Stoll	Sie ist gerade beim Zahnarzt.
Nadine	Oh, nein. Wann kommt sie denn wieder?
Frau Stoll	Ich denke, so in einer Stunde. Soll sie dich dann zurückrufen?
Nadine	Ja, das wäre toll. Ich bin zu Hause.
Frau Stoll	Gut, ich sage es ihr. Und grüß deine Familie.
Nadine	Klar, das mache ich.
Frau Stoll	Tschüss, Nadine.
Nadine	Tschüss, Frau Stoll.

Dialog 3: Corinna möchte Peter Fink sprechen, aber er ist auf Geschäftsreise.

Corinna	Hallo, Peterle, bist du's?
Herr Schultz	Meinen Sie Herrn Fink? Der ist im Moment nicht da, der ist auf Geschäftsreise.
Corinna	Oh, das wusste ich gar nicht.
Herr Schultz	Ja, er musste für drei Tage nach Wien.
Corinna	Wann kommt er denn wieder?
Herr Schultz	Wahrscheinlich morgen. Wollen Sie vielleicht eine Nachricht hinterlassen.
Corinna	Wenn das geht, ja, gerne.
Herr Schultz	Natürlich. Kein Problem.

Corinna	Können Sie ihm sagen, Corinna hat angerufen und er soll mich morgen zurückrufen. Ich habe ein fantastisches Geschenk für ihn.
Herr Schultz	Gut. Das sag' ich ihm.
Corinna	Vielen Dank. Auf Wiederhören.
Herr Schultz	Auf Wiederhören.

Übung 11.

Lebenslauf. Claudia Schulte, von Beruf Journalistin, erzählt über ihr Leben.

Mein Name ist Claudia Schulte und im Moment lebe und arbeite ich in Hamburg. Geboren bin ich aber 1978 in Bremen, wo ich dann auch zur Schule gegangen bin und zwar zunächst von 1984 bis 1988 auf die Grundschule und danach aufs Heinrich-Heine-Gymnasium. Nach dem Abitur 1997 war ich dann nicht so sicher, was ich eigentlich machen sollte und habe dann ein bisschen gejobbt, um genug Geld zu haben und bin dann für ein Jahr durch Asien gereist. Das war eine wichtige Erfahrung für mich.

Als ich dann nach Deutschland zurückgekommen bin, habe ich mit etwas Glück eine Praktikumsstelle bei der *Hamburger Zeitung* gefunden und dort für zwei Jahre – von 1998 bis 1999 – als Praktikantin gearbeitet.

Nach den zwei Jahren Praxis habe ich dann ein Studium an der Universität Hamburg angefangen und von 1999 bis 2004 studiert, nebenbei natürlich für verschiedene Zeitungen geschrieben.

Nach dem Studium habe ich gleich eine Stelle bei der *Tageszeitung* in Berlin gefunden und dort vier Jahre – von 2004 bis 2008 – gearbeitet.

Seit 2008 arbeite ich beim *Spiegel*, wieder in Hamburg – das ist natürlich ein Traum für jeden Journalisten.

Audio content

The **Willkommen!** audio material consists of two CDs, as follows:

CD1

Lektion 1: tracks 2–17
Lektion 2: tracks 18–27
Lektion 3: tracks 28–35
Lektion 4: tracks 36–40
Lektion 5: tracks 41–47
Lektion 6: tracks 48–59

CD2

Lektion 7: tracks 1–9
Lektion 8: tracks 10–15
Lektion 9: tracks 16–21
Lektion 10: tracks 22–29
Lektion 11: tracks 30–39
Lektion 12: tracks 40–46